기쁨으로
하나님의 선물을 드립니다.
작은 목동, 이동원

세상이 줄 수 없는
하나님의 선물

지구촌 공동체에 속한 사랑하는
나의 지체들에게 이 책을 바칩니다.

세상이 줄 수 없는
하나님의 선물

지은이 | 이동원
초판 발행 | 2024. 4. 17
등록번호 | 제1988-000080호
등록된 곳 | 서울특별시 용산구 서빙고로65길 38
발행처 | 사단법인 두란노서원
영업부 | 2078-3352 FAX | 080-749-3705
출판부 | 2078-3331

책값은 뒤표지에 있습니다.
ISBN 978-89-531-4825-3 03230

독자의 의견을 기다립니다.
tpress@duranno.com www.duranno.com

두란노서원은 바울 사도가 3차 전도여행 때 에베소에서 성령 받은 제자들을 따로 세워 하나님의 말씀으로 양육하
던 장소입니다. 사도행전 19장 8-20절의 정신에 따라 첫째 목회자를 돕는 사역과 평신도를 훈련시키는 사역, 둘째
세계선교(TIM)와 문서선교(단행본·잡지) 사역, 셋째 예수문화 및 경배와 찬양 사역, 그리고 가정·상담 사역 등을 감당하
고 있습니다. 1980년 12월 22일에 창립된 두란노서원은 주님 오실 때까지 이 사역들을 계속할 것입니다.

세상이 줄 수 없는 하나님의 선물

이동원 지음

두란노

목차

세상이 줄 수 없는 '하나님의 선물'

우리는 살아가며 선물을 주기도, 받기도 합니다.
선물을 받을 때 우리는 특별한 감사를 느낍니다.
그러나 때로는 사람들의 선물이 부담이 되기도 합니다.
사람들의 선물에는 가끔 순수성이 결여되어 있습니다.

그러나 하나님의 선물은 사람의 선물과 다릅니다.
그의 선물은 조건이 없고 투명한 사랑입니다.
그래서 그의 선물을 받을 때마다 축복을 느낍니다.
그리고 그의 선물을 통해 인생의 성숙을 경험합니다.

금년 지구촌교회 창립 30주년을 맞이합니다.
지구촌교회 30년으로 사역의 한 세대를 경험하였습니다.
지구촌교회는 하나님이 내게 주신 특별한 선물입니다.
지구촌 공동체 30년의 세월을 감사하며 이 책을 펴냅니다.

하나님의 선물 20가지에는 환난도 포함됩니다.

저는 환난까지도 선물임을 경험하게 되었습니다.

그래서 지구촌의 여행에 동참한 모든 이에게 이 책을 바칩니다.

이 책의 눈물과 회한까지도 하나님의 선물이었습니다.

세상이 줄 수 없는 선물을 주신 하나님께 감사하며

이 선물의 여정을 함께한 나의 아내에게도 감사를 드립니다.

지구촌의 작은 목동,

이동원 목사 드림

하나님의 선물은 사람의 선물과 다릅니다.
그의 선물은 조건이 없고
투명한 사랑입니다.

part 1.

믿음으로 받는
선물

1. 은혜로 주어진 새로운 삶

구원

에베소서 2:8-9

세상에서 가장 아름다운 선물 이야기가 있다면 아마도 오 헨리 (O. Henry)가 쓴 단편소설 《크리스마스 선물》이 아닐까 합니다. 크리스마스가 다가오는데, 가난한 부부 짐과 델라는 선물을 살 형편이 되지 않아 각자 고민을 하게 됩니다. 아내 델라는 자신의 유일한 자산이요 자랑인 금발 머리를 잘라 팔기로 결심합니다. 그것으로 남편 짐이 상속받은 최고의 재산인 금시계에 어울릴 만한 시곗줄을 구입합니다. 한편 남편 짐은 짐대로 고민을 하다가 아내의 아름다운 금발에 사용할 머리빗을 사기 위해 자신의 보물인 금시계를 팔기로 결정합니다. 크리스마스 이브에 무슨 일이 벌어집니까? 아내 델라는 선물로 머리빗을 받았지만 그것을 사용할 금발 머리가 없어졌고, 남편은 고급스런 시곗줄을 선물로 받았지만 그에게는 더 이상 금시계가 없습니다. 사랑하는 이에게 선물을 주고자 했던 마음이 드러나 뭉클하면서도 슬픈, 어느 부부의 크리스마스 이야기입니다.

이 이야기의 원제인 《The Gift of the Magi》를 충실히 번역하면, '동방 박사의 선물'입니다. 예수님의 탄생 소식을 듣고 멀리 페르시아 동방에서 천문학을 연구하던 박사들이 황금과 유향 그리고 몰약을 선물로 들고 아기 예수님을 찾아온 대목에서 힌트를 얻어 오 헨리는 이 단편 이야기의 제목을 지은 것입니다. 그런데 사실 이 아기 예수님은 선물을 받기 위해 이 땅에 오신 것이 아니라, 오히려 동방 박사를 포함한 세상 모든 사람에게 세상이 줄 수 없는 가장 소중한 선물을 주기 위해 이 땅에 오셨습니다. 이 아기 예수님이 마리아에게 잉태되었을 때 천사는 그녀의 정혼자 요셉에게 이런 메시지를 전달합니다. "아들을 낳으리니 이름을 예수라 하라 이는 그가 자기 백성을 그들의 죄에서 구원할 자이심이라" (마 1:21). 아기의 모습으로 이 땅에 오신 구원자 예수가 우리에게 주시고자 한 이 선물의 이름이 바로 '구원'입니다. 구원의 성경적 의미는, 소극적으로는 우리 죄에 대한 하나님의 진노와 파멸에서 건짐을 받는 것이지만 적극적으로는 하나님의 영원한 생명을 얻고 새로운 삶을 사는 것을 의미합니다. 이 소중하고 엄청난 선물, 이 구원의 선물을 어떻게 얻을 수 있는지 궁금하지 않으십니까? 에베소서 2장 8-9절에서 바울 사도가 그 비밀을 전합니다. 구원의 선물, 어떻게 얻을 수 있을까요?

행위로 얻을 수 없는 선물

구원은 행위로 얻을 수 없는 하나님의 선물입니다. 에베소서 2장 8절의 말씀은 "너희는 그 은혜에 의하여 믿음으로 말미암아 구원을 받았으니"라고 시작하는데, 이어지는 에베소서 2장 9절은 "행위에서 난 것이 아니니 이는 누구든지 자랑하지 못하게 함이라"고 말씀하십니다. 성경은 인간 구원의 근거가 우리의 행위에 있지 않다고 말씀하십니다. 우리의 행위가 중요하지 않아서가 아니라, 인간의 일체의 행위는 모두 불완전하고 상대적이기 때문입니다. 일찍이 기독교 철학자 블레즈 파스칼(Blaise Pascal)은 《팡세》에서, 가장 믿을 수 없는 신화적 세 단어는 의인과 영웅과 성자라고 했습니다. 몰라서 의인이고 영웅이고 성자이지, 알고 보면 인간은 거기서 거기일 뿐이라는 말입니다. 호남식으로 말하면 "거시기가 거시기"일 따름입니다.

이런 이야기가 있습니다. 오래전 캐나다의 한 마을에 불량배 형제가 살았다고 합니다. 마을 사람들은 늘 이 형제를 두려워하며 피해 다녔습니다. 그런데 어느 날 그 형이 사고를 당해 갑자기 죽게 됩니다. 동생이 형의 장례를 치러야 하는데 마을의 모든 성직자가 장례 집례를 거부하자 그는 마을 신문에 이런 광고를 냈습니다. '형님의 장례를 집례하는 성직자에게는 지금의 현금 가치로 일만 달러에 가까운 사례를 하겠다'. 그런데 거기에는 조건이 하나 있었습니다. 반드시 자신의 형이 성자였다고 말해야 한다는 것이었습니다. 한 젊은 성직자가 신문 광고를 보고 자원했습니다. 장례식장은 인산인해를 이루었습니다. 젊은 성직자가 불량배 형에 대하여 어떻게 성자라고 평가할지 궁금했기 때문입니다. 한참 설교를 진행하던 젊은 성직자는 관에 누워 있는 고인을 바라보며 말했습니다. "저 사람은 여러분이 잘 아는 것처럼 생전에 우리 모두를 적지 않게 괴롭히고 고통을 주는 몹쓸 인생을 살았습니다. 그러나 저 누워 있는 사람은 여기 살아 있는 이 동생에 비교하면 차라리 성자였습니다." 인간 행위의 상대성을 일깨우는 유머라고 할 수 있습니다.

실제로 여러 해 전 영국 런던에서 장난치기 좋아하는 한 신문 기자가 유력 인사 20인을 선정하여 어느 날 같은 시각에 꼭 같은 내용의 전문을 보낸 일이 있었다고 합니다. 그리고 그날이 저물기 전 런던의 유력 인사 20인이 일제히 자취를 감추었다고 합니다. 전문에는 이렇게 쓰여 있었다고 합니다. "모든 것이 탄로 남. 즉각 피신하기 바람." 성경의 말씀이 얼마나 진리입니까?

"의인은 없나니 하나도 없으며… 모든 사람이 죄를 범하였으매 하나님의 영광에 이르지 못하더니"(롬 3:10, 23).

저는 우리나라 국회의 청문회 현장 보도를 시청할 때마다 도대체 누가 죄인이고 누가 누구를 심문할 수 있을지를 자문하게 됩니다. 그래서 저의 청문회 정의는 이렇습니다. "아직 들키지 않은 죄인이 이미 들킨 죄인을 심문하는 곳"이라고. 공감하십니까? 그래서 절대자이시고 공의로운 심판자이신 하나님은 말씀하십니다. 인간은 아무도 자기 행위로 구원을 받을 수는 없다고 말입니다.

은혜로만 얻을 수 있는 선물

에베소서 2장 8절을 다시 읽겠습니다. "너희는 그 은혜에 의하여 믿음으로 말미암아 구원을 받았으니 이것은 너희에게서 난 것이 아니요 하나님의 선물이라."

여기 영어 성경은 구원이 '은혜에 의하여'(by grace, KJV) 얻는 것이라고 가르칩니다. '은혜'는 본래 받을 자격이 없는 사람들에게 베풀어지는 일방적인 사랑 혹은 호의를 뜻하는 단어입니다. 이 은혜는 인간 편에서 시작된 것이 아닌 하나님의 주권적이고 주도적인 사랑에 뿌리박고 있습니다.

1700년대의 영국은 국가 수익의 상당 부분을 노예 무역에 의존하고 있었습니다. 그때 노예 무역에 종사하던 한 젊은 상인이 있었는데 어느 날 아프리카를 오가던 그의 무역선이 폭풍을 만나 풍랑에 난파될 위기에 처했습니다. 그는 처음으로 진지하게 신에게 살려 달라고 기도하게 됩니다. 그곳에서 구조된 후 그는 성경을 읽기 시작합니다. "죄를 범하는 자마다 죄의 종(노예)이라"(요 8:34)는 말씀을 접한 그는 자신이 그동안 노예 무역에 종사하며 노예를 부려 왔지만 자신은 더 큰 노예, 죄의 노예였음을 깨닫게 됩니다. 해야 할 선한 일은 하지 못한 채 하지 말아야 할 악에 끌려다니던 노예 말입니다. 그때 비로소 하나님의 아들 예수 그리스도가 왜 구원자로 이 땅에 오셨는지 깨닫습니다. 그리고 "아들이 너희를 자유롭게 하면 너희가 참으로 자유로우리라"(요 8:36)는 말씀의 의미가 그 마음에 부딪힙니다. 내가 해결할 수 없는 죄의 문제를 해결하고자 예수님이 이 땅에 오시어 내 죄를 담당하여 십자가에 죽으셨고, 그 예수님의 보혈로 용서받으면 새 사람이 된다는 복음의 의미를 깨우친 것입니다. 자신을 죄에서 자유롭게 한 이 엄청난 하나님의 은혜를 깨닫고 작사한 찬송이 바로 새찬송가 305장

〈나 같은 죄인 살리신〉(작사 존 뉴턴)입니다. "나 같은 죄인 살리신 주
은혜 놀라와 잃었던 생명 찾았고 광명을 얻었다"고 그는 고백합
니다.

성경은 이 은혜가 나의 노력이나 나의 행위와 상관없이 베풀어
지는 하나님의 사랑의 선물이라고 가르칩니다. 성경의 표현을 빌
리면 '값없이' 주어지는 것입니다. 메시아이신 구세주를 통해 주
어지는 이 사랑의 선물을, 이사야 선지자는 이렇게 증언합니다.

"오호라 너희 모든 목마른 자들아 물로 나아오라. 돈 없는 자도
오라. 너희는 와서 사 먹되 돈 없이 값없이, 와서 포도주와 젖을 사
라"(사 55:1).

그런데 여기서 '값없이'라는 표현을 '싸구려'라는 의미로 오해해
서는 안 됩니다. 굳이 다른 단어로 대치한다면 '값으로 따질 수 없
는', 영어로는 'priceless'인 것입니다. 부모에게 사랑받은 그 사랑을
갚겠다고, 그 사랑을 몇 푼의 돈으로 환산하여 부모에게 드리겠다
는 자식이 있다면 부모의 마음이 어떻겠습니까? 자식을 향한 부모
의 조건없는 사랑, 그것이 바로 은혜가 아니겠습니까? 그래서 우
리는 부모의 사랑을 하늘보다 높고 바다보다 넓다고 노래하지 않
습니까? 독생자 예수님을 보내사 십자가에서 속죄의 죽음으로 우
리의 죗값을 대신하게 하신 하나님의 사랑, 하나님의 은혜가 바로
그런 것입니다. 구원은 행위가 아닌 은혜로 주어집니다.

믿음을 통해서만 얻는 선물

이 구원의 선물을 우리는 어떻게 받을 수 있습니까? 성경은 '믿음을 통해서만'(through faith, KJV) 가능하다고 말합니다. 믿음은 선물을 받는 손과 같은 것입니다. 손을 내미는 것은 공로가 아닙니다. 그러나 선물을 소유하기 위해서는 꼭 필요한 과정입니다. 물에 빠진 사람이 자신을 살리기 위해 던져진 구명대를 붙잡는 행위는 공로가 아닙니다. 그가 살기 위해서는 그 구명대를 손을 내밀어 붙잡아야 합니다. 성경은 "주 예수를 믿으라 그리하면 너와 네 집이 구원을 받으리라"(행 16:31)고 약속합니다. 종종 가족들이 아직 믿지 않는데 나 혼자 믿는 것이 이기적인 행동이 아니냐고 말하는 분들이 있습니다. 그러나 이 말씀은 오히려 우리 가족 중 누군가가 먼저 믿음으로 마침내 가족 전체를 구원하는 첫걸음이 된다는 말입니다.

경상대학교 축산학과 주선태 교수는 《아름다운 시작》(아가페출판사)이란 책을 썼습니다. 칠성님을 섬기고 점쟁이를 찾아다니며 미신을 믿던 가정에서 그가 어떻게 믿음의 첫 발걸음을 시작할 수 있었는지 간증하는 내용입니다. 효자를 자처했던 그분은 늘 어머니의 유훈을 간직하고 살았는데 어머니의 세 가지 유언이 "첫째, 정치하지 말라. 둘째, 개고기 먹지 말라. 셋째, 예수 믿지 말라"였다고 합니다. 그러던 그가 안식년이 되어 미국 코네티컷대학교에

객원 교수로 가게 됩니다. 처음 6개월은 연구도 하고 여행도 하고 골프도 치면서 열심히 살아갔는데 문제는 그가 데리고 온 딸 소영이가 주일이면 심심해하여 걱정이었다고 합니다. 어느 날 이웃집에 살던 한 집사님이 그의 딸을 교회에 데리고 가겠다고 하자 그는 편하게 혼자 골프 칠 욕심으로 얼른 허락했다고 합니다. 그런데 성탄절을 앞둔 어느 날 그는 소영이가 아버지 없는 아이로 교회에 소문이 났다는 소식을 듣습니다. 그 말에 난생 처음으로 교회에 나간 그는 설교를 듣고 원인 모를 뜨거운 눈물을 흘리게 됩니다.

교회에 다니면서 믿음이 그 마음에 자라기 시작한 어느 날, 그는 처음으로 신앙의 위기를 맞이합니다. 어머니 제삿날이 돌아온 것입니다. 그는 어머니와의 약속을 어기고 교회에 나온 자책감에 괴로워하며 일단 할 수 없이 제사상을 차려 놓고 이렇게 기도를 시작했다고 합니다. "하나님, 처음으로 제가 소리 내어 기도를 드립니다. 왜 제가 이렇게 기도드리는지 다 아시지요. 지금부터 저의 엄마 제사를 드리는 겁니다. 다 아시겠지만 노파심에서 말씀을 드립니다. 이것은 하나님이 질투하실 그런 우상이 아닙니다. 엄마하고 지낸 시간을 추억하기 위한 우리의 방법일 뿐입니다." 기도를 드린 후 딸 소영이와 어머니 영정에 절하고, 딸 소영이가 2층으로 올라가자 그는 어머니의 사진과 독대했습니다. 자기의 영혼의 고백을 어머니에게 눈물로 쏟아 놓기 시작합니다. "엄마, 이때까지 나 엄마 말 잘 듣는 엄마의 멋진 아들이었지. 나 창피하면서도 엄마 말 들으려고 무당이 시키는 대로 다 하고 경동시장 가서 사온 자라 방생한다고 대청댐까지 따라다니고… 엄마가 좋아하니까 강물 속으로 들어가는 자라 향해 두 손 모으고 절하고… 그니까 이번에 내 말 좀 들어. 엄마는 내가 엄마보다 더 현명하게 살라고 그렇게 힘들여 나 가르쳐 박사, 교수 만들었잖아. 이제 엄마보다 더 똑똑한 아들 말 들어. 미안하지만 엄마가 틀렸어. 알고 보니 하나님은 살아 계시고 엄마의 잘난 아들이 그 하나님께 선택되었어. 나, 엄마가 싫어한 예수쟁이가 되었어. 엄마가 그랬지. 세상에는 인력으로 안 되는 일이 있다고. 엄마가 믿었던 미신 버리고 우리 가족, 함께 교회 가면 안 될까. 그동안 엄마가 좋아해서 내가 엄마 따랐던 것처럼 이제 엄마의 똑똑한 아들 따라 교회 가서 하나님 만나면 안 될까. 엄마 같이 가자. 하나님께로 가자."

주선태 교수는 2013년 봄 목사 안수를 받았습니다. 그가 받은 이 고귀한 구원의 선물을 더 많은 분들과 나누기 위해서입니다. 주 교수와 그 가족을 구원한 이 선물, 오늘 당신은 이 구원의 선물을 어떻게 하시겠습니까? 지금 믿음으로 이 선물을 받으시기 바랍니다.

2. 기도하는 자에게 약속된 평안

평화

빌립보서 4:6-7

중세 이탈리아 산중 높은 언덕에 위치한 봉쇄수도원, 이른 아침부터 누군가가 문을 두드립니다. 사제가 나가 보니 밤새 산을 올랐는지 무척 지친 듯한 중년의 사내가 서 있었습니다. 사제는 문을 열며 묻습니다. "누구를 찾아 오셨는지요?" 그는 대답합니다. "예, 저는 평화를 찾습니다." 이 사람이 바로 유명한 《신곡》의 저자 단테 알리기에리(Dante Alighieri)였습니다. 후일 그가 쓴 이 유명한 고전의 첫 페이지를 기억하십니까? "내 인생의 한중간 눈을 떠 보니 나는 바른길을 벗어나 어두운 숲속에 있었다." 그가 이 수도원의 문을 두드린 때가 정확히 그의 나이 40세였고, 그가 《신곡》 집필을 시작한 때가 42세였습니다. 인생의 중년기에 들어서며 몸살을 앓던 시기였습니다.

한 사람의 일생 중 가장 긴 기간은 바로 중년기입니다. 오늘날은 중년기를 보통 35-65세까지 약 30년의 기간으로 보는데, 가장 길고 힘든 시간입니다. 중년기를 '제2의 사춘기', 가을 '추'자를 따와 '사추기'(思秋期)라고 표현하기도 합니다. 사춘기의 가장 큰 고민은 정체성의 갈등입니다. 더 이상 아이도 아니고 그렇다고 성인도 아닌 시절이기 때문입니다. 그런데 사추기 중년의 고민은 더 이상 청년도 아니고 그렇다고 노인도 아니라는 데 있습니다. '나는 도대체 누구인가'를 둘러싼 갈등을 겪는 것입니다. 사춘기는 육체가 급격히 발달하는 동시에 감정을 조절하기 힘들어집니다. 그러나 사추기에는 서서히 육체가 허물어지며 아울러 감정적 변화를 주체하기 어렵습니다. 사춘기에는 아이와 어른 사이에 낀 채로 눈칫밥을 먹어야 합니다. 그런데 사추기에는 다시 자식과 부모 사이에 낀 채 자식을 양육할 책임과 부모를 봉양할 책임을 이중으로 감당해야 합니다. 그런가 하면 직장에서도 아랫사람과 윗사람 사이에서 시소를 타야 하는 스트레스로 괴롭습니다. 이처럼 중년기 최대의 문제는 '불안'입니다. 그래서 인생의 어느 시기보다 마음의 평화에 목말라합니다. 따라서 이 시대의 중년들도 단테처럼 평화를 찾습니다. 그런데 성경 말씀은 우리가 찾는 평화의 비밀을 처방하고 있습니다. 한마디로 평화는 하나님의 선물이라는 것입니다. 그렇다면 이 평화의 선물을 받기 위해 우리가 할 일은 무엇입니까?

 염려를 중단하다

평화의 첫째 처방은 염려를 중단하는 일입니다. 빌립보서 4장 6절의 말씀입니다.

"아무것도 염려하지 말고 다만 모든 일에 기도와 간구로, 너희 구할 것을 감사함으로 하나님께 아뢰라."

빌립보서는 염려를 극복하라는, 지극히 상식적인 처방을 내립니다. '염려하지 말고', 우선 일단 염려를 멈추라는 것입니다. 왜 그럴까요? 염려해 봤자 소용이 없기 때문입니다. 예수님은 "너희 중에 누가 염려함으로 그 키를 한 자라도 더 할 수 있느냐?"(눅 12:25)라고 말씀하셨습니다. 심리학자 어니 젤린스키(Ernie Zelinski)는 걱정을 분석한 결과를 다음과 같이 발표했습니다. 그에 의하면 우리가 걱정하는 내용의 40%는 현실에서 결코 일어나지 않을 가상의 일이고, 30%는 이미 과거에 일어난 일이고, 22%는 염려하지 않아도 될 사소한 것들이고, 4%는 걱정해도 우리의 힘으로 어쩔 수 없는 것들이고, 나머지 4%만이 우리가 바꿀 수 있는 것들이라고 말합니다. 우리가 걱정하는 내용의 96%는 쓸데없는 걱정거리라는 것입니다.

어떤 어머니가 아들을 군대에 보낸 후 너무 염려하는 모습을 보고 어떤 사람이 이런 익살스런 말을 했다고 합니다. "댁의 아들은 앞으로 후방에 배치되거나 아니면 전방에 배치될 것입니다. 후방에 배치되면 별로 염려하실 필요가 없고, 전방에 배치되면 조금은 염려가 되시겠지요. 그러나 전방에 배치되어도 둘 중의 하나가 될 것입니다. 전방에서도 덜 위험한 곳이나, 위험한 곳에 배치될 것입니다. 덜 위험한 곳에 배치되면 크게 염려하실 필요가 없고, 위험한 곳에 배치되면 조금은 염려가 되실 것입니다. 그러나 위험한 전방에 배치되어도 둘 중 하나가 될 것입니다. 부상당하거나 부상당하지 않거나 할 것입니다. 부상당하지 않으면 염려하지 않으셔도 될 것이고, 부상당하면 조금은 염려가 되실 것입니다. 그러나 부상당해도 둘 중 하나가 될 것입니다. 회복되거나 죽거나 할 것입니다. 회복되면 염려하지 않으셔도 되고, 죽는다면 염려해 보셔도 소용이 없는 일 아니겠습니까? 그러므로 제발 염려하지 마시고 사십시오." 지어낸 말이지만 맞는 말이지 않습니까? 염려가 문제해결에 도움이 되지 않는다는 것입니다. 그러니 일단 염려를 중단하십시오.

염려를 기도로 바꾸다

평화의 둘째 처방은 염려를 기도로 바꾸는 방법을 배우는 일입니다. 빌립보서 4장 6절을 다시 보겠습니다.

"아무것도 염려하지 말고 다만 모든 일에 기도와 간구로, 너희 구할 것을 감사함으로 하나님께 아뢰라."

여기서 대조적인 두 단어는 '아무것'(anything)과 '모든 것'(everything) 입니다. '아무것'은 '염려하지 말라'와 이어지고, '모든 것'은 '기도하라'와 이어집니다. 다시 말하면 염려할 모든 것을 기도할 모든 것으로 바꾸라는 것입니다. 앞에서 언급했듯이 염려는 아무 변화를 가져오지 못합니다. 그러나 기도는 변화를 약속합니다.

2013년, 전 세계 극장가에서 흥행 1위를 달린 영화 〈그래비티〉에 인상적인 장면이 등장합니다. 지구 상공으로부터 600km 떨어진, 소리도 산소도 없는 우주에서 미아가 된 주인공 라이언 스톤 박사가 생존을 위해 벌이는 숨 막히는 사투를 벌입니다. 절체절명의 순간 그녀의 입술에서는 이런 비명 같은 혼잣말이 나옵니다. "나는 지금까지 기도해 보지 못했어요. 아무도 기도하는 법을 가르쳐준 적이 없어요. 나를 위해 기도해 줄 건가요?"(I've never prayed. Nobody has taught me how. Will you pray for me?) 나는 그것이 기도였다고 생각합니다. 그녀는 마침내 지구에 무사히 귀환합니다. 그리고 땅바닥에 엎드린 채 "Thank you!" 하고 속삭입니다.

그렇습니다. 나는 이 땅의 있는 모든 이가 기도를 배우기를 기도합니다. 기도만이 상황을 변화시킵니다. 그리고 무엇보다 기도는 기도하는 이들에게 하나님의 평화를 약속합니다. 이어서 7절을 보겠습니다.

"그리하면 모든 지각에 뛰어난 하나님의 평강이 그리스도 예수 안에서 너희 마음과 생각을 지키시리라."

다시 말하면, 하나님께 제대로 기도하는 방법을 배운 사람에게는 '하나님의 평화'라는 선물이 약속되어 있습니다.

하나님의 평화가 지키고 있는 마음, 한 성경학자는 이런 상태를 모든 물결이 잔잔해진 호수와 같다고 했습니다. 이 평화로운 호숫가에 서면 호수의 깊은 곳까지 투명하게 들여다보입니다. 하나님의 평화가 임한 마음이 그와 같다는 말입니다. 이제 그의 마음은 동요하지 않습니다. 그는 잔잔한 호수를 들여다보듯 자신의 마음 깊은 곳을 헤아리고 지혜로운 생각을 길어 올려 자신의 인생을 다스립니다. 이런 이들은 위기를 기회로 바꾸며 살아갑니다. 하나님의 사람 바울이 그런 인생을 살았습니다. 그는 전도하다가 억울하게 로마의 감옥에 투옥되어 있으면서도 빌립보 도시의 그리스도인들에게 다음과 같이 권면합니다.

"주 안에서 항상 기뻐하라 내가 다시 말하노니 기뻐하라"(빌 4:4).

감옥이 빼앗지 못한 기쁨, 쇠사슬이 맬 수 없던 기쁨, 이는 바로 하나님의 평화가 그의 마음을 다스린 결과였습니다.

평화의 하나님을 영접하다

평화를 누리기 위해서는 첫째, 염려를 중단하고, 둘째, 염려를 기도로 바꾸어야 한다고 했습니다. 마지막으로 셋째, 평화의 하나님을 마음에 영접해야 합니다. 염려가 다가올 때 염려를 중단하고, 염려하는 대신 기도하기 시작한다면 하나님의 평화가 임하리라고 약속합니다. 그러나 그 하나님의 평화가 지속적으로 마음에 머물기 위해서는 평화의 하나님이 마음에 거하셔야 합니다. 하나님의 평화는 하나님의 귀한 선물입니다. 그러나 이 평화의 선물을 주시는 평화의 하나님이 내 마음에 거하시는 것은 더 귀한 일입니다. 시시때때로 부모가 자녀에게 주는 선물들은 모두 귀한 것입니다. 그러나 선물이 귀한가요, 선물을 주는 부모가 귀한가요? 부모 없이는 선물도 누릴 수 없습니다. 그래서 '하나님의 평화'보다 '평화의 하나님'이 더 중요합니다.

2천 년 전 이 평화의 하나님이 아기의 모습으로 이 땅에 오시던 밤, 천사는 이렇게 노래했습니다.

"지극히 높은 곳에서는 하나님께 영광이요 땅에서는 하나님이 기뻐하신 사람들 중에 평화로다"(눅 2:14).

이 하나님의 아들의 이름이 바로 예수입니다. 그는 죄를 범하고 평화를 상실한 우리를 대신하여 그의 인생의 절정에서 십자가에 달리사 우리 대신 하나님의 저주의 채찍을 맞으시고 피 흘리셨습니다. 이사야 선지자는 십자가 사건의 의미를 이렇게 예언했습니다.

"그가 찔림은 우리의 허물 때문이요 그가 상함은 우리의 죄악 때문이라. 그가 징계를 받으므로 우리가 평화를 누리고 그가 채찍에 맞으므로 우리가 나음을 받았도다"(사 53:5).

매우 짧은 단막극을 인상 깊게 감상한 일이 있었습니다. 제목은 〈건축〉입니다. 전쟁 중 배가 파선하여 조난당한 군인 몇 사람이 외딴 작은 섬으로 헤엄을 쳐서 도착하게 됩니다. 이 섬 구석에는 건축 자재들이 쌓여 있었습니다. 그들은 이 건축 자재를 어떻게 활용할지 토의합니다. 한 사람이 먼저 그들이 살 집을 짓자고 말합니다. 다른 청년은 배에서 가지고 내린 물품을 보관할 창고를 먼저 짓자고 말합니다. 토의가 한창인데 섬 반대편에서 무슨 소리가 들리는 듯해서 고개를 돌려 보니 멀지 않은 곳에 또 다른 섬이 있고 그곳으로부터 사람들의 소리가 들립니다. 그러자 청년 중 한 사람이 저들은 우리의 적일지 모르니, 자재로 벽을 쌓아 이 섬을 지키자고 제안합니다. 벽을 쌓아 올리는 동안 누군가가 이 섬에 접근하는 것이 보입니다. 긴장한 그들이 숨어 망을 보다가 자기들의 섬에 도착한 낯선 청년을 체포합니다. 그는 이 친구들이 쌓아 올린 벽을 한참 바라보다가 이렇게 말합니다. "나는 이 섬과 저쪽 섬을 함께 소유한 주인의 아들입니다. 우리 아버지는 이 건축 자재로 두 섬 사이에 다리를 놓고자 했는데 당신들은 벽을 쌓으셨군요." 그러자 그들은 "이놈이 수상하다, 죽이자"라고 소리칩니다. 이 낯선 청년을 향한 공격이 시작됩니다. 천둥과 벼락이 치고 무대의 조명이 꺼진 후, 잠시 후 다시 무대가 환해지자 이 청년은 십자가에 달려 있었습니다. 그리고 이 멘트가 계속 흘러나오고 있었습니다. "나는 다리를 놓으려고 왔는데 당신들은 벽을 쌓고 있습니다."

이 십자가에 달린 청년, 그가 바로 하나님의 아들, 예수님입니다. 하나님과 인간 사이에, 인간과 인간 사이에 벽을 헐고 평화의 다리를 놓고자, 곧 중보자로 오신 예수 그리스도인 것입니다.

이 장 첫머리에 소개한 시성 단테는 그의 나이 40세 되던 해 수도원의 문을 두드린 것을 계기로, 예수님을 자신의 구주로 영접하게 됩니다. 그리고 그는 기도를 배우기 시작합니다. 나이 42세에 "나는 인생의 중간에 숲속에서 길을 잃었다"라고 고백했던 그가 마침내 이 위대한 기쁨의 서사시를 13년에 걸쳐 완성한 후 이런 고백을 남깁니다. "나는 이제 찾았다, 참된 평화를!" 그리고 그는 이 위대한 작품의 제목을 《신곡》(La Divina Commedia / Divine Comedy)

이라고 붙입니다. 코미디(Comedy)는 희극입니다. 코미디의 반대는 곧 비극(Tragedy)입니다. 평화가 그의 마음속에 임하자 그의 인생은 더 이상 비극이 아닙니다. 그것은 숨 막히는 기쁨의 희극이 될 수 있었습니다. 여러분에게도 이 평화가 필요하지 않으신가요? 단테가 찾은 이 평화, 오늘 당신의 창조자 하나님께서 예수를 영접한 사람들에게 제공하는 이 선물을 드립니다.

3. 고난을 통해 견고해지는 소망

환난

고린도후서 1:3-8

고린도후서 1장 3-8절에 교차하며 등장하는 두 개의 단어가 있습니다. 그것은 '고난'과 '환난'입니다. 둘은 크게 다르지 않은 동의어라고 할 수가 있습니다. 그러나 고난이 일반적인 삶의 고통이라면, 환난(Thlipsis)은 더 심한 정도로 어떤 "무거운 것이 가슴을 짓누르는 고통"을 의미합니다. 인생을 살다 보면 그런 환난을 경험하는 순간들이 있습니다.

프레드릭 뷰크너(Frederick Buechner)는 좋은 글을 많이 쓴 미국 기독교 작가입니다. 1930년대 미국에 경제 대공황이 닥쳤을 때 프레드릭의 부친은 전 재산을 상실하는 고통을 당하면서 이 고통을 잊으려 폭음을 시작했습니다. 그리고 어느 새벽, 여전히 해소되지 않는 마음의 고통을 이기지 못하여 차고에 들어가 문을 잠근 채 시동을 걸고 있다가 아침 무렵 가스에 질식한 채 발견되었습니다. 일종의 자살인 셈입니다. 그런데 그날부터 어린 프레드릭에게는 고민이 생겼습니다. 부친이 왜 돌아가셨느냐는 사람들의 질문에 차마 아버지가 자살하셨다고 대답할 수 없었기 때문입니다. 예수님을 믿는 소년이었던 그는 이렇게 기도했다고 합니다. "하나님, 이럴 때 뭐라고 대답해야 하지요? 거짓말하기는 싫어요." 그때 머릿속에 스치는 생각이 있었다고 합니다. "맞아, 아빠는 마음이 너무 아프고 고통스러워 돌아가신 거야. 그러니, 심장 질환(Heart trouble)이라고 대답하면 되지." 그때부터 그는 그런 질문을 받으면 자유로운 마음으로 "네, 저의 아빠는 심장 질환으로 돌아가셨어요"라고 대답할 수 있었다고 합니다.

고린도후서를 기록한 전도자 바울도 그런 가슴을 짓누르는 고통 곧 환난을 경험하고 있었습니다.

"형제들아 우리가 아시아에서 당한 환난을 너희가 모르기를 원하지 아니하노니 힘에 겹도록 심한 고난을 당하여 살 소망까지 끊어지고"(고후 1:8).

다음 절에서 그는 마치 사형 선고를 당한 심정이었다고 말합니다. 아마도 사도행전 19장에 기록된 것처럼 바울이 에베소에서 전도하다가 우상 제조 판매업을 방해한다는 오해를 받은 나머지 도시에서 소요 사태가 일어나 피신하게 된 절박한 상황이 아니었을까 추측됩니다.

이 장의 제목은 '환난'입니다. 어떻게 이런 환난이 하나님의 선물일 수가 있을까요? 그 대답을 우리는 고린도후서 1장 3-8절에서 살펴보겠습니다. 어떻게 환난이 하나님의 선물이 됩니까?

하나님의 위로를 경험하다

환난은 주님의 위로를 경험하는 기회입니다. 앞서 언급한 성경 구절에 '고난', '환난'이라는 단어와 함께 또 하나 반복하여 등장하는 중요한 단어가 있습니다. 바로 '위로'라는 단어입니다. 그래서 고린도후서 1장의 별명은 '위로의 장'이기도 합니다. 무엇보다 이런 환난 중의 위로는 하나님으로부터 오는 위로였던 것입니다. 성경은 우리가 지나는 고난의 한밤에도 위로의 주님을 바라볼 수 있다고 가르칩니다. 마치 옛 복음성가 〈괴로울 때 주님의 얼굴 보라〉(작사 J. W. 피터슨, 작곡 해리 볼백)의 가사처럼 말입니다. "괴로울 때 주님의 얼굴 보라 / 평화의 주님 바라보아라 / 세상에서 시달린 친구들아 / 위로의 주님 바라보아라 / 눈을 들어 주를 보라 / 네 모든 염려 주께 맡겨라 / 슬플 때에 주님의 얼굴 보라 / 사랑의 주님 안식 주리라."

고린도후서 1장 3절을 보십시오.

"찬송하리로다 그는 우리 주 예수 그리스도의 하나님이시요 자비의 아버지시요 모든 위로의 하나님이시며."

여기서 '자비'라는 단어가 복수로 표현됩니다. '위로' 앞에도 '모든'이라는 단어가 붙어 있습니다. 우리가 경험하는 온갖 사건, 온갖 환난 속에서 풍성한 자비를 베푸시고 이 모든 일에 위로자 되시는 분이 바로 하나님이시라는 것입니다.

그런데 왜 전능하신 하나님께서 우리에게 닥치는 이런 고통을 막아 주지 않으시는지 묻지는 말아 주십시오. 아무리 성경을 묵상해도 그 대답은 쉽게 발견되지 않습니다. 그래서 신앙의 선배들은 그것을 '고난의 신비'라고 말합니다. 분명한 것은 우리가 이런 고난의 밤, 환난의 골짜기를 통과할 때 아버지 하나님께서 함께 아파하시며 우리 곁에 다가와 우리를 위로해 주신다는 것입니다. 아버지 하나님은 그 아들 예수 그리스도를 이 땅에 보내시고 십자가로 우리의 고난을 대신 짊어지게 하셨다고 말씀하십니다. 이어서 5절을 보십시오.

"그리스도의 고난이 우리에게 넘친 것같이 우리가 받는 위로도 그리스도로 말미암아 넘치는도다."

영국에서 설교의 왕자라고 불리는 찰스 스펄전(Charles Spurgeon) 목사님은 말년에 질병으로 많은 고난을 받으셨습니다. 그가 요양 생활을 하고 계실 때 교인들이 위로차 찾아왔습니다. 한 교우가 물었습니다. "목사님, 많이 아프세요?" 그때 그는 이렇게 대답했다고 합니다. "예, 너무 너무 아프네요. 그런데 이 고통보다 예수님은 더 가까이 계셔서 저를 위로해 주셔요. 그래서 견딜 수 있어요." 이것이 바로 환난 속에 있는 성도들을 향한 주님의 약속입니다. 그래서 하나님의 약속을 믿는 성도에게는 환난도 하나님의 선물이 됩니다. 이 환난이 주님의 위로를 경험하는 특별한 기회이기 때문입니다. 환난이 하나님의 선물인 또 하나의 이유가 있습니다.

 이웃의 위로를 경험하다

환난은 이웃의 위로를 경험하는 기회입니다. 고린도후서 1장 4절 말씀을 보겠습니다.

"우리의 모든 환난 중에서 우리를 위로하사 우리로 하여금 하나님께 받는 위로로써 모든 환난 중에 있는 자들을 능히 위로하게 하시는 이시로다."

다시 말하면 하나님의 위로를 받은 자들이 또 다른 이웃들을 위로하는 삶을 살게 된다는 것입니다. 바울은 다시 이렇게 말합니다.

"우리가 환난 당하는 것도 너희가 위로와 구원을 받게 하려는 것이요 우리가 위로를 받는 것도 너희가 위로를 받게 하려는 것이니 이 위로가 너희 속에 역사하여 우리가 받는 것 같은 고난을 너희도 견디게 하느니라"(고후 1:6).

우리가 자주 사용하는 고사성어 중에 '동병상련'(同病相憐)이라는 말이 있습니다. "같은 병을 앓는 사람들이 서로를 불쌍히 여기게 된다"는 의미입니다. 오늘날 전 세계적으로 일어나고 있는 소위 '지원그룹(Support Group) 운동'은 일종의 동병상련의 나눔터라고 할 수 있습니다. 자신이 고난을 겪고 나면 동일한 고난을 당하는 사람들에게 더 이상 무관심할 수가 없기 때문입니다.

〈하모니〉라는 노래자랑 프로그램을 시청한 적이 있습니다. '기적을 노래하는 부부'라고 소개된 커플의 순서가 되었는데 그들의 사연에 무대가 눈물로 젖고 말았습니다. 부부가 세쌍둥이를 출산하는 과정에서 한 아이는 죽고 한 아이는 태어난 지 5일 만에 죽고, 또 한 아이, 소정이라는 이름의 아이는 태어나기는 했지만 걸을 수 없는 장애인이 되고 말았습니다. 이 부부는 그 아이를 노래하는 현장에 데리고 나왔습니다. 그들은 그 아이가 삶의 이유이자 행복이라고 고백하며 〈다행이다〉(작사 작곡 이적)라는 노래를 불렀습니다. 노래 가사가 인상적이었습니다.

"그대를 만나고 그대의 머릿결을 만질 수가 있어서 / 그대를 만나고 그대와 마주보며 숨을 쉴 수 있어서 / 그대를 안고서 힘이 들면 눈물 흘릴 수가 있어서 / 다행이다 그대라는 아름다운 세상이 여기 있어 줘서 / 거친 바람 속에도 젖은 지붕 밑에도 / 홀로 내팽개쳐져 있지 않다는 게 / 지친 하루살이와 고된 살아남기가 / 행여 무의미한 일이 아니라는 게 / 언제나 나의 곁을 지켜 주던 / 그대라는 놀라운 사람 때문이라는 걸 / 그대를 만나고 그대와 나눠 먹을 밥을 지을 수 있어서 / 그대를 안고서 되지 않는 위로라도 할 수 있어서 / 다행이다 그대라는 아름다운 세상이 여기 있어 줘서."

위로를 영어로 'comfort'라고 하는데 이 단어는 'com'(함께)과 'fort'(라틴어 fortare, 힘을 돋우다)의 합성어입니다. 고통 받는 사람들이 함께하는 자리, 그곳이 고난과 환난을 이기는 새 힘을 공급받는 자리요 치유의 자리인 것입니다. 그것이 위로의 능력입니다.

그렇습니다. 주께서 당신에게 환난을 허용하신 이유는, 동일한 고난 혹은 환난을 당하는 자들의 위로자가 되라는 메시지임을 기억해 주십시오. 헨리 나우웬(Henri Nouwen)은 이런 소명을 받은 사람들을 '상처 받은 치유자'(Wounded Healer)라고 불렀습니다. 그러므로 고난 혹은 환난은 소명이라는 목적으로 하나님의 자녀들에게 허용되는 하나님의 선물임을 잊지 마십시오. 자, 그러면 이제 환난이 하나님의 선물이 되는 이유를 하나 더 생각해 보겠습니다.

소망이 견고해지다

환난은 우리의 소망이 견고해지는 기회입니다. 고린도후서 1장 7절을 보겠습니다.

"너희를 위한 우리의 소망이 견고함은 너희가 고난에 참여하는 자가 된 것같이 위로에도 그러할 줄을 앎이라."

고난 혹은 환난의 터널을 잘 통과하는 사람들에게 예외 없이 주어지는 은총이 있습니다. 그들의 소망이 견고해진다는 것입니다. 어떻게 그런 일이 일어날 수 있습니까? 그들은 환난의 한복판에서 하나님을 새롭게 만나기 때문입니다. 그리고 그 하나님을 의뢰하고 소망하는 자가 되기 때문입니다. 그것이 바로 9절의 고백입니다.

"우리는 우리 자신이 사형 선고를 받은 줄 알았으니 이는 우리로 자기를 의지하지 말고 오직 죽은 자를 다시 살리시는 하나님만 의지하게 하심이라."

그 누구도 그 어떤 것도 의지할 수 없는 절망의 자리에서 하나님만 의지하는 사람이 됩니다. 어떤 하나님입니까? 죽은 자를 다시 살리시는 하나님입니다! 여기 '하나님만'이라는 단어를 주목해 보십시오. 과거에 바울이 하나님을 의지하지 않았던 것은 아니었습니다. 단지, 이전에는 하나님도 믿고 자신도 상당히 믿는 자였습니다. 하나님과 자신이 동등한, 아니 비슷한 권위를 자신의 인생 속에 행사하고 있었던 것입니다. 그러나 이제 이 환난을 통과하는 그때, 그의 '하나님도, 나도'의 신앙이 '하나님만'의 신앙으로 온전하게 성숙해졌습니다. 그렇게 해서 환난이 우리를 향한 하나님의 선물이 된 것입니다. 그리고 바울은 고린도후서 1장 10절에서 이 절망의 자리에서 벌떡 일어나 놀라운 희망의 고백을 선언하게 됩니다.

"그가 이같이 큰 사망에서 우리를 건지셨고 또 건지실 것이며 이후에도 건지시기를 그에게 바라노라."

그는 이제 더 이상 절망의 사람이 아닙니다. 더욱 견고한 소망의 사람이 된 것입니다. 그래서 우리는 감히 이제 환난도 하나님의 선물이라고 말할 수 있습니다.

의사요 가정 사역자인 제임스 답슨(James Dobson)의 책에 이런 이야기가 소개되고 있었습니다. 그가 일하던 병원에 어느 날 다섯 살짜리 소년이 폐암으로 죽어 가고 있었다고 합니다. 소년의 엄마는 늘 병상을 지키며 아들에게 예수님 이야기를 들려주며 함께 기도하곤 했다고 합니다. 그들은 그리스도인 가족이었던 것입니다. 어느 날 잠시 엄마가 병상을 비운 사이 병원의 간호사는 "종소리가 들려요, 종소리가!"라는 아이의 외침을 듣게 되었습니다. 엄마가 돌아와 병원 복도에서 간호사를 만나 아이의 상태가 좀 어떤지 물었습니다. 그때 간호사는 "참 죄송한 말씀이지만 아이에게 환각

증세가 시작된 것 같습니다"라고 대답합니다. "왜 그렇게 생각하셨지요?"라고 묻자 간호사는 "댁의 아이가 자꾸 종소리가 들린다고 하거든요"라고 말했습니다. 그러자 엄마는 매우 단호하게 "그점은 염려하지 않으셔도 됩니다. 결코 환각이 아니라, 기도의 응답일 따름입니다"라고 말했습니다. 그리고 이어서 이런 이야기를 들려주었습니다. "제가 아이에게 늘 이렇게 말했거든요. '네가 숨쉬기도 힘들고 너무 아프면 예수님께 도와 달라고 기도해! 그러면 하늘에서 너를 위하여 종을 울리고 예수님이 너를 도와주시고자 천사를 데리고 달려 오실거야'라고." 그리고 엄마는 단숨에 병실로 달려가 아이를 끌어안고 기도하며 하늘에서 들리는 그 종소리가 메아리가 되기까지 아이와 예수님 이야기를 하며 함께 기도했다고 합니다.

그렇습니다. 지금도 환난 받는 당신의 자녀들 곁에 달려와 하늘의 소망을 부어 주시는 주님이 바로 우리의 하나님이심을 고백하게 되기를 기도합니다. 그리고 그 하나님만 의지하고 바라보며 견고한 소망의 자리에 서는 우리 모두가 되시기를 기도합니다. 이제 고난과 환난을 향하여 담대히 선포하십시오. 너는 내게 하나님이 주신 소망의 선물이라고.

4. 세상의 빛이 되는 공동체

교회

마태복음 16:18

한동안 우리 시대의 직장이나 공동체마다 '사명 선언문'(Mission Statement)을 작성하는 것이 유행했습니다. 우리가 무엇을 위해 살고 무엇을 위해 일하는가를 명확하게 인식하기 위해서였습니다. 그렇다면 하나님의 아들 예수님의 사명 선언문은 무엇이었을까요? 두 가지로 요약될 수 있습니다. 그 하나는 영혼 구원입니다. 예컨대 누가복음 19장 10절은 예수님의 사명을 이렇게 선언하고 있습니다. "인자가 온 것은 잃어버린 자를 찾아 구원하려 함이니라"고. 진실로 하나님의 아들이신 그분이 사람의 아들, 곧 인자가 되어 이 땅에 오신 목적은 잃어버린 방황하는 인류를 구원하고자 함이었습니다. 아울러 그가 이 땅에 오신 다른 한 가지 목적이 성경에 기록되어 있습니다.

"또 내가 네게 이르노니 너는 베드로라 내가 이 반석 위에 내 교회를 세우리니 음부의 권세가 이기지 못하리라"(마 16:18).

곧 그는 교회를 세우고자 오셨다는 것입니다. 아니, 영혼 구원이면 족할 텐데, 그가 교회를 세우고자 하신 이유는 무엇이었을까요? 우리는 그 이유를 중국 내지 선교사 허드슨 테일러(Hudson Taylor)의 생애를 통해 배울 수 있습니다.

그는 22세의 청년으로 중국 '상해'로 가서 거처를 정하고 바울 사도처럼 순회 전도를 합니다. 10차례 이상 전도하면서 중국어 성경 1,800권을 반포하고 전도 책자들을 2,000권 이상 배부하며 전도했습니다. 그 후 그는 좀 더 중국 내지로 들어가고자 '영파'에 본부를 두고 전도 여행을 계속합니다. 그러다 결핵에 걸려 다시 영국으로 돌아와 상당한 시간을 보내면서 의학 공부를 마치고 중국 선교의 중요성도 호소하면서 자신의 제1기 사역을 돌아보았습니다. 그는 그의 중국 선교 사역이 좀 더 풍성한 열매를 맺기 위해 팀 사역과 교회 개척 사역이 필요함을 깨달았습니다. 그 후 그는 34세에 16명의 동역자와 함께 '중국내지선교회'를 조직하여 중국으로 다시 돌아가게 되었습니다. 그리고 이후의 사역에서는 복음만 전할 뿐 아니라, 복음을 받은 사람들에게 교회 공동체를 이루게 하고 사역자들에게 교회를 섬기게 한 것입니다. 그러자 구원받은 열매들이 보존되고 지역 사회에 영향을 끼치게 되었습니다. 이 과정을 보며 그는 복음뿐 아니라 교회가 진실로 중국을 향한 하나님의 소망이요 선물임을 확신하게 됩니다. 그 교회는 지금 이 땅을 향해서도 여전히 하나님의 소망이요 선물입니다. 교회, 어떤 의미에서 하나님의 선물일까요?

음부의 권세를 이기는 공동체

교회는 음부의 권세를 이기는 공동체입니다. '음부'(Hades)는 흔히 보이지 않는 곳, 어두운 곳, 죽음의 장소를 의미하는 단어입니다. 그런데 예수님은 당신의 교회를 세우리라고 선언하시며 왜 음부를 언급하셨을까요? 음부가 어두움의 세상이라면 교회는 빛의 공동체이기 때문입니다. 음부가 죽음의 세상이라면 교회는 생명의 공동체이기 때문입니다. 음부의 권세를 가진 자가 바로 사탄이며, 사탄의 임무는 세상을 어둡게 하고 생명을 파괴하는 것입니다. 그러나 교회의 사명은 세상에 빛을 비추고 생명을 전파하는 것입니다. 예수님은 "나는 세상의 빛이라"(요 9:5)고, "내가 온 것은 양으로 생명을 얻게 하고 더 풍성히 얻게 하려는 것이라"(요 10:10)고 선언하십니다. 오늘날 이 땅의 교회들이 때로 세상의 빛이 되지 못하고 오히려 세상의 근심거리로 전락하는 것은 정말 슬픈 일입니다. 그러나 이 땅의 모든 교회가 다 문을 닫고 사라져 버린 세상을 상상해 보셨습니까?

종종 기독교를 비판하는 무신론자들의 선전에 과학자 알베르트 아인슈타인(Albert Einstein)이 등장합니다. "나는 자신의 창조물을 심판하는 신을 상상할 수가 없다"는 그의 말은 무신론자들이 애용하는 어구이기도 합니다. 그러나 그 말을 한 이후 아인슈타인의 견해가 변화한 부분에 대하여 그들은 침묵합니다. 아서 코크레인(Arthur Cochrane)의 저서 《The Church's confession under Hitler》(히틀러 치하의 교회의 고백)를 보면 아인슈타인의 다음과 같은 고백이 실려 있습니다.

"나는 히틀러의 나치 혁명이 일어났을 때 자유에 헌신하라고 가르치던 대학들이 즉각 침묵을 지키는 것을 보았다. 나는 이제 자유를 지지하는 수많은 논설을 써 온 신문에 기대하고 그들의 목소리에 귀를 기울였다. 그러나 그들도 단 몇 주 만에 나치의 기세에 눌려 입을 닫고 말았다. 그런데 오직 진리를 억압하려는 히틀러의 선전에 맞서 예수 그리스도의 교회만이 굳건하게 서 있었다. 나는 그때까지 교회에 어떤 특별한 관심도 갖지 않았지만, 이제 나는 지적이고 도덕적인 자유를 위해 나치와 맞선 교회에 엄청난 애정과 감탄을 느끼고 있다. 한때 내가 경멸했던 교회를 이제는 주저

없이 칭찬하고자 한다."

비록 한 시대의 교회들이 흔들리고 제 사명을 감당하지 못해 부패하는 일들도 있었지만, 교회는 아직도 세상의 소망입니다. 음부의 권세는 교회를 이길 수 없습니다. 교회는 어둠의 권세를 이기는 거룩한 공동체입니다. 교회는 하나님의 선물입니다.

 천국의 열쇠를 맡은 공동체

교회는 천국의 열쇠를 맡은 공동체입니다. 이어지는 마태복음 16장 19절 말씀이 그것을 우리에게 증언합니다.

"내가 천국 열쇠를 네게 주리니 네가 땅에서 무엇이든지 매면 하늘에서도 매일 것이요 네가 땅에서 무엇이든지 풀면 하늘에서도 풀리리라."

가톨릭 교회에서는 이 말씀을 '베드로의 수위권'(Primacy of peter)이라고 해석합니다. 초대 교황인 베드로가 교회의 반석이며 그에게 천국의 열쇠가 주어졌다는 것입니다. 그러나 개신교에서는 전통적으로 이 천국 열쇠가 베드로 개인이 아닌 베드로의 신앙고백을 가리킨다고 해석해 왔습니다. 베드로는 16장 16절에서 이렇게 고백합니다.

"주는 그리스도시요 살아 계신 하나님의 아들이시니이다."

예수님이 하나님의 기름 부으심을 받은 그리스도, 곧 구세주라는 진리 위에 교회가 세워진 것입니다. 하나님은 이 복음이신 그리스도를 교회에 맡기신 것입니다. 복음은 교회의 최고이자 유일한 자산입니다. 사도행전 4장 12절은 "다른 이로써는 구원을 받을 수 없나니 천하 사람 중에 구원을 받을 만한 다른 이름을 우리에게 주신 일이 없음이라"고 했습니다. 교회가 전하는 이 복음을 들을 때마다 사람들은 천국의 문을 열고 천국에 들어오는 것입니다.

이 매고 푸는 열쇠가 베드로 개인에게 맡겨진 것이 아님은 마태복음 18장 18절에서도 명확하게 가르칩니다. 그 직전에 17절에서는 교회가 죄를 범한 교인들을 처우할 방법을 가르치다가 18절에서 이렇게 말씀합니다.

"진실로 너희에게 이르노니 무엇이든지 너희가 땅에서 매면 하늘에서도 매일 것이요 무엇이든지 땅에서 풀면 하늘에서도 풀리리라."

그리고 이어서 두세 사람 이상이 함께하는 합심기도, 중보기도로 이런 문제를 풀어 가야 한다고 가르칩니다. 매고 푸는 것이 우리의 기도에 달려 있다는 뜻입니다. 실제로 초대 교회는 이 교훈을 따라 모여 합심해서 기도했고 복음을 전했습니다. 그 결과 베드로가 사도행전 2장에서 복음을 전하자 오순절 부흥이 일어나 3천 명의 영혼들이 구원받는 역사가 나타나지 않습니까? 주님은 베드로가 아닌, '베드로가 전한 복음'을 교회에 맡겨 주신 것입니다. 오늘도 영혼들은 동일한 복음으로 그리고 우리의 기도를 통해 천국 문을 열고 천국 백성이 되는 것입니다. 교회가 하나님의 선물인 이유는 이 존귀한 복음, 영광의 복음을 우리 공동체에 맡겨 주셨기 때문입니다.

성도의 성숙을 이루는 공동체

교회는 성도의 성숙을 이루는 공동체입니다. 가톨릭 교회가 오랫동안 믿어 온 교리 중에는 '교황 무류성'이 있습니다. 교황의 발언이 오류로부터 보호된다는 의미입니다. 그러나 이것을 개신교는 인정하지 않습니다. 교황도 잘못할 수 있으며, 교황의 권위가 성경보다 높을 수는 없다는 확신 때문에 종교 개혁이 가능할 수 있었습니다. 마태복음 16장 21절 말씀을 보면 예수님께서 십자가의 고난을 예고하십니다. 그때에 베드로가 22절에서 "이 일이 결코 주께 미치지 아니하리이다"라고 만류합니다. 인간적인 애정에서 나온 말이지요. 그러나 십자가의 고난이 없으면 인류의 구원이 이루어질 수 없는데, 그것을 만류한다면 곧 하나님의 뜻을 거역하는 것이 아니겠습니까? 그때 예수님이 베드로에게 어떻게 말씀하십니까?

"예수께서 돌이키시며 베드로에게 이르시되 사탄아 내 뒤로 물러가라. 너는 나를 넘어지게 하는 자로다. 네가 하나님의 일을 생각하지 아니하고 도리어 사람의 일을 생각하는도다"(마 16:23).

그러나 이렇게 책망받던 베드로가 후일 사도행전에 보면 드디어 초대 교회의 든든한 리더가 되어 교회를 세우는 반석의 역할을 실제로 감당하게 됩니다.

예수님은 사실 이런 베드로의 가능성을 보시고 베드로를 부르신 것입니다. 요한복음 1장 42절에 보면 처음 그를 보시고 "네가 요한의 아들 시몬이니 장차 게바(베드로, 반석)라 하리라"고 말씀하십니다. 그도 실수가 많은 사람이었지만 장차 교회의 반석 같은 리더가 될 가능성을 발견하신 것입니다. 우리는 모두 교회의 교제를 통해 빚어져 성숙해야 할 존재들입니다. 리더도 예외가 아닙니다. 성도와 마찬가지로, 베드로와 마찬가지로 목회자도 더 자라 가야 합니다. 성도는 그런 성숙의 가능성을 기대하면서 목회자를 신뢰해야 합니다. 그래서 또 한 명의 이 시대의 베드로를 지도자로 세워야 합니다. 다시 한 번 교회가 이 시대의 소망, 민족을 치유하고 세상을 변화시키기를 기도합시다. 교회는 세상을 변화시키기 위한 유일한 하나님의 선물입니다.

5. 고난을 견디고 수고를 나누는 동력

가족

시편 128:1-6

저는 지구촌교회 가정사역팀, 전문인 선교회 소속 여러 교우들과 함께 2013년에 미얀마 양곤으로 선교를 다녀온 적이 있습니다. 여러 사역이 있었지만 두 가지 중요한 사역을 담당했습니다. 하나는 미얀마 선교 200주년을 맞이하여 7천 명의 목회자들이 모이는 목회자 대회 첫날 저녁에 한국 교회를 대표하여 축하와 도전의 말씀을 전하는 일이었고, 또 하나는 미얀마 땅에서 수고하는 한국 선교사님들을 위한 부부 사랑의 순례를 인도하는 일이었습니다. 고된 일정이었지만 모두가 보람과 감사를 느끼는 소중한 시간들이었습니다. 그러나 이 모든 과정에서 마음 깊이 다시 느끼고 확인한 가장 중요한 점이 있습니다. 바로 가족은 하나님의 소중한 선물이라는 사실이었습니다.

한 사람의 그리스도인도 없었던 불교의 나라 미얀마에 20대 젊은 지성인 아도니람 저드슨(Adoniram Judson) 부부가 도착했습니다. 그들은 6년간의 말할 수 없는 고생과 수고 끝에 드디어 최초의 회심자 한 사람을 얻고 침례를 베풀게 됩니다. 저는 그의 회심과 아도니람 저드슨 선교사의 선교 열매를 기념하기 위해 세워진 미얀마 최초의 교회인 우노교회에서 설교했습니다. 그 교회당 안에 들어섰을 때 제 시선을 끈 것은 강대상 무대 앞에 그려진 아도니람 저드슨 부부의 초상화였습니다. 여성을 멸시하던 문화권에서 맺힌 선교 열매는 아도니람 한 사람만의 수고가 아닌 그의 부인 낸시 저드슨(Nancy Judson)과 함께한 공동의 헌신 때문임을 기리고자 한 것입니다. 실제로 아도니람은 "내가 이 척박한 땅에서 고난을 견디고 무엇인가를 이루었다면 그것은 첫째는 하나님의 은혜요, 둘째는 '함께한 가족' 덕분"이라고 고백합니다. 그리고 이 고백은 동일하게 지금도 미얀마 땅에서 수고하는 한인 선교사님들에게서 이어지고 있었습니다. 사랑의 순례를 마치고 결혼 언약 갱신식 이후에 선교사님들은 눈물을 흘리며 이구동성으로 이렇게 간증했습니다. 함께하는 가족의 존재가 바로 선교의 동력이었다고, 그런데 그 소중함을 잊고 살았다고. 그렇습니다. 그 가족은 오늘 우리 모두에게 지금도 변함없는 하나님의 선물입니다. 가족과 가정이 하나님의 선물이 되는 이유는 무엇일까요?

🌱 수고의 결과를 나누는 행복 공동체

가족은 수고한 결과를 나누는 행복의 공동체입니다. 인생의 진정한 행복은 수고한 결과를 누리는 데서 찾을 수 있습니다. 가장 비참한 인생이 있다면 수고한 결과가 없는 삶이라고 할 것입니다. 농부가 봄에 씨를 뿌리고 여름의 폭염을 견디며 수고했는데 가을에 거둘 것이 없다면 얼마나 허무하겠습니까? 학생들이 죽어라고 공부했는데 형편없는 성적이 나왔다면 얼마나 허무하겠습니까? 선생님이 정말 열심히 학생들을 가르쳤는데 그 결과가 보잘것없다면 얼마나 허무하겠습니까? 행복은 수고한 결과를 거두는 것입니다. 그것이 바로 시편 128편 2절의 교훈입니다.

"네가 네 손이 수고한 대로 먹을 것이라. 네가 복되고 형통하리로다."

그리고 이런 결과는 하나님이 주시며 그 결과를 누리는 가장 소중한 삶의 현장이 바로 가정이라고 할 수 있습니다.

그래서 시편 128편 직전의 시편 127편은 1절에서 "여호와께서 집을 세우지 아니하시면 세우는 자의 수고가 헛되다"라고 언급한 후 2절에서는 "너희가 일찍이 일어나고 늦게 누우며 수고의 떡을 먹음이 헛되도다"라고 말한 것입니다. 여기서 반복되는 단어가 무엇입니까? '헛되다'는 단어입니다. 흥미로운 점은 이 시편 127편의 서두에 이 시는 '솔로몬의 시'라고 소개됩니다. 솔로몬의 유명한 인생 고백이 생각나지 않으십니까?

"전도자가 이르되 헛되고 헛되며 헛되고 헛되니 모든 것이 헛되도다"(전 1:2).

그런데 이런 솔로몬이 전도서 12장 13절에서 헛된 인생의 마당에서 헛되지 않게 사는 삶에 대해 이렇게 결론을 내립니다.

"일의 결국을 다 들었으니 하나님을 경외하고 그의 명령들을 지킬지어다. 이것이 모든 사람의 본분이니라."

한마디로 헛된 인생, 불행한 인생을 살지 않으려면 하나님을 경외해야 한다는 것입니다. 이 고백이 바로 오늘 본문의 출발점인 시편 128편 1절 고백과 문자 그대로 일치하지 않습니까!

"여호와를 경외하며 그의 길을 걷는 자마다 복이 있도다."

그렇습니다. 하나님을 경외하는 사람들의 가정이 하나님의 선물인 이유는, 가족과 가정은 하나님의 도우심을 통해 수고한 결과를 거두고 누리는 행복의 공동체이기 때문입니다.

생명의 은혜를 나누는 행복 공동체

가족은 생명의 은혜를 나누는 행복 공동체입니다. 시편 128편은 안방에서 휴식하는 아내 그리고 식탁에 둘러앉은 자녀들의 모습으로 행복한 가정의 풍경을 묘사하고 있습니다.

"네 집 안방에 있는 네 아내는 결실한 포도나무 같으며 네 식탁에 둘러앉은 자식들은 어린 감람나무 같으리로다"(시 128:3).

아내를 결실한 포도나무에 비유한 이유는 무엇일까요? 다산의 은혜를 누린 행복한 모습을 표현한 내용일 수도 있습니다. 이미 시편 127편 3절에서 "보라 자식들은 여호와의 기업이요 태의 열매는 그의 상급이로다"라고 말씀하지 않았습니까? 그러나 그것만은 아닙니다. 포도나무는 성경에서 언제나 풍성한 생명의 상징이었습니다. 요한복음 15장에서 예수께서 "나는 포도나무요 너희는 가지라"고 하신 말씀이 생각나지 않으십니까? 가지인 우리가 포도나무이신 예수님께 붙어 있음으로 맺는 사랑과 기쁨의 풍성한 열매야말로 예수 안에서 영생을 누리는 예수의 신부 된 성도들의 모습이 아닙니까? 그러면 자녀들을 어린 감람나무로 비유하신 이유는 무엇일까요? 감람나무는 중동지방에서 자라는 나무 중 가장 견고하고 질긴 생명력을 지녀 미래의 축복을 상징했습니다. 자녀들이야말로 가정의 미래가 아니겠습니까? 흥미로운 것은 포도나무나 감람나무는 모든 성경에서 풍성한 생명의 은혜를 상징하는 나무들이라는 사실입니다. 사도 베드로는 남편들이 아내를 귀히 여겨야 할 이유를 이렇게 설명합니다.

"남편들아 이와 같이 지식을 따라 너희 아내와 동거하고 그를 더 연약한 그릇이요 또 생명의 은혜를 함께 이어받을 자로 알아 귀히 여기라"(벧전 3:7).

그렇습니다. 가족은 생명의 은혜를 함께 이어받을 공동체입니다. 가족이 그 무엇보다 소중하고 귀히 여겨져야 할 이유, 가족은 바로 생명의 은혜를 나누는 공동체이기 때문입니다. 앞에서 언급한 미얀마 선교의 개척자 아도니람 저드슨은 유달리 많은 고난과 맞서 싸워야 하는 시기들을 지냈습니다. 사랑하는 첫 아내 낸시와 두 자녀를 땅에 묻어야 했고 적지 않은 시간 동안 간첩 혐의를 받고 감옥에 갇혀 있어야 했습니다. 그러면서도 그가 이 모든 고난을 견딜 수 있었던 이유는 함께하는 가족의 힘 덕분이었다고 그는 고백합니다. 숱한 생명의 위기를 겪고 어둠의 시간을 지나면서도 아도니람은 이런 글을 남깁니다.

"그러나 우리 둘이 함께하는 그 시간만큼은 우리는 완전한 행복과 평화를 경험하곤 했습니다. 우리는 천국이 바로 이런 느낌일 것이라고 말하곤 했습니다."

바로 이런 가족의 연합이 아도니람이 모든 것을 견디게 한 사역의 힘, 행복의 힘이었습니다. 그는 낸시가 세상을 떠났을 때 이런 글을 낸시의 어머니에게 남깁니다.

"저는 소중한 가족들을 땅에 묻었습니다. 하나는 랑군에, 둘은 암허스트에. 축복의 세계로 떠난 사랑하는 사람들을 따라가고 싶은 충동을 억제하는 일 말고 저에게 무엇이 남아 있겠습니까. 나의 가장 소중한 친구들과 나의 가족이 사는 곳, 나의 주 하나님이 통치하시는 곳, 그곳을 바라보는 소망으로 견디고 있습니다."

가족이 하나님의 선물인 이유, 가족이 바로 생명의 은혜를 나누는 행복의 공동체이기 때문입니다.

 사회 번영을 이루는 행복 공동체

가족은 사회의 번영을 이루는 행복 공동체입니다. 시편 기자는 하나님의 가족이 누릴 행복을 이렇게 고백합니다.

"여호와께서 시온에서 네게 복을 주실지어다. 너는 평생에 예루살렘의 번영을 보며"(시 128:5).

가족의 행복이 마침내 예루살렘의 번영을 가져오리라는 소망입니다. 그것은 이미 선행하는 시편 127편의 약속과도 일치합니다. 1절에서 집을 세우시는 여호와가 성을 세우실 것을 믿은 것입니다. 그렇습니다. 건강한 가족의 존재, 그리고 건강한 신앙 공동체는 마침내 시온의 축복과 번영을 가져다줍니다.

일찍이 로마의 철학자 세네카(Lucius Annaeus Seneca)는 로마의 운명이 기울어지리라 예견하며 이렇게 말합니다.

"로마의 애국자들이여 가정으로 돌아가십시오. 그러면 로마는 다시 일어설 것입니다."

최근 북한에서 일어나는 사건들을 보며 북한의 붕괴가 멀지 않았음을 느낍니다. 가장 큰 위기는 북한에서 가정들이 무너지고 있다는 것입니다. 아도니람 저드슨은 온갖 고난을 당하며 복음을 전하면서도 이 소망을 놓치지 않았습니다. 그는 엄청난 이교도의 사원을 바라보면서 이런 고백을 남깁니다.

"머지않아 나의 목소리보다 훨씬 더 강력한 한 음성이 네 왕국의 모든 흔적을 쓸어 낼 것이다. 예수 그리스도의 교회들이 우상숭배의 신전을 대신할 것이며 열렬한 이교도들의 노랫소리는 곧 그리스도인들의 찬양 앞에 사라질 날이 올 것이다."

그가 1813년 7월, 미얀마 땅에 도착했을 때는 한 명의 그리스도인도 없었지만 그가 세상을 떠나고 150년이 지난 1963년, 미얀마 정부의 보고서에 의하면 21만 명의 그리스도인들(당시 통계상 58명 중 한 명)이 있는 것으로 알려졌습니다. 그뿐 아니라 과거 한국 땅에 복음이 전해짐과 동시에 개화기의 새벽이 밝아온 것처럼 아도니람 저드슨을 통해 신구약 성경이 완역되었고 미얀마 문법책과 사전이 편찬되었습니다. 그가 편찬한 문법책과 사전은 아직도 미얀마 최고의 작품으로 간주되고 있다고 합니다. 누가 아도니람 저드슨 부부의 헌신을 헛되다고 하겠습니까? 누가 아도니람 가족의 헌신을 헛되다고 하겠습니까? 그는 미국 아이비리그의 명문 브라운대학교 출신으로 동 대학 교수직을 거절했고 보스톤에서 가장 명성 있는 교회인 파크스트리트교회 수석 부목사 청빙을 사양했습니다. 그리고 한 번도 복음을 전해 듣지 못한 버마(미얀마)의 어둠을 밝히기 위해 24세의 나이로 그의 어린 신부와 함께 고향 땅을 떠났지만 그는 지금 하늘에서 자신의 결정을 후회하고 있을까요? 2013년 미얀마 선교 200주년을 맞이하여 미얀마 양곤에 들르며 그곳에 모인 2만 명의 평신도들과 7천 명의 미얀마 목회자들이 바로 그 땅의 희망이요 축복임을 확인하고 돌아왔습니다. 그리고 귀국 내내 제 가슴을 붙들고 있었던 것은 복음의 영광과 함께 복음을 위해 삶을 바친 아도니람 저드슨이라는 한 가족의 위대한 영향력이었습니다.

한편 1892년, 그가 죽은 지 40년이 지난 후 미국 뉴욕에 록펠러 재단과 뜻있는 그리스도인들이 이 가족의 헌신을 기억하고자 저드슨기념침례교회를 세우게 됩니다. 그리고 이 교회의 목사로 초청된 사람은 아도니람 저드슨의 아들 에드워드 저드슨(Edward Judson)이었습니다. 그는 아버지가 나온 브라운대학교를 나와 콜게이트대학교 신학부에서 가르치다가 뉴저지의 지역 교회를 목회하고 있었습니다. 그러나 아버지의 아름다운 희생을 기억하고 당시 부유한 이웃과 가난한 이민자 출신의 이웃들이 갈등을 빚고 있던 뉴욕 시내에 하나의 영향력 있는 모델 교회를 세우기를 열망하게 됩니다. 이런 그의 모습을 주목한 록펠러의 제안으로 드디어 저드 슨기념교회가 세워지게 된 것입니다. 이제 아도니람 저드슨의 거룩하고 선한 영향력은 미얀마뿐 아니라 그의 아들을 통해 그의 조국에 다시 축복을 흘려보내는 통로가 된 것입니다. 이 교회는 당시 뉴욕에서 가장 큰 교회로서 복음 전도와 사회봉사에 앞장서며 건강한 영향을 끼치게 됩니다. 하나님은 진실로 의인의 헌신을 잊지 않으시고 다음 세대에 그 축복이 미치도록 상급을 주시는 신실하신 분이십니다. 복음에 헌신한 가족이야말로 이 땅을 향한 하나님의 선물입니다. 지금 이 시간, 가족의 의미를 돌아보며 우리의 가족이 정녕 하나님의 선물임을 고백할 수 있겠습니까? 그리고 나의 가족, 가정이 이 땅의 소망이 되도록 기도할 수 있겠습니까?

6. 믿음으로 얻는 유일한 사랑

독생자

요한복음 3:16-17

미국이 낳은 유명한 세계적인 전도자 무디(D. L. Moody)가 영국을 방문하던 중 헨리 무어하우스(Henry Moorhouse)란 청소년 전도자를 만나 도움을 받게 됩니다. 무디는 그에게 감사하며 미국 시카고에 오면 자기 교회에서 설교해 달라고 부탁했습니다. 사실은 의례적인 인사였을 뿐 무디는 그가 어떤 설교자였는지도 몰랐습니다. 얼마 후 무어하우스가 미국에 와서 무디에게 연락하게 되었습니다. 마침 무디는 시카고에서 떠나 있었기 때문에 그에게 월요일 저녁 기도회 설교를 부탁했습니다. 교인들의 반응이 괜찮으면 사흘 동안 저녁 기도회 설교를 맡길 생각이었습니다. 그런데 교인들의 열화와 같은 요청으로 그는 연속으로 한 주간 내내 저녁 기도회 설교를 맡게 되었다고 합니다.

궁금해진 무디는 그의 아내에게 무어하우스가 도대체 무슨 내용으로 설교했느냐고 물었습니다. 이 설교자는 첫날부터 계속 요한복음 3장 16절 본문만을 중심으로 하나님의 사랑에 대하여 설교했다는 것입니다. 무디는 늘 하나님의 진노를 말하고 회개하라고 선포한 반면, 무어하우스는 이 한 구절을 가지고 하나님의 사랑에 대해서만 계속 설교했기에 성도들이 은혜를 많이 받았던 것입니다. 집으로 돌아온 무디는 다시 그에게 주일 강단을 맡겼습니다. 무어하우스는 또다시 요한복음 3장 16절을 본문으로 삼았습니다. 그는 이런 말로 설교를 시작했다고 합니다.

"만일 내가 야곱의 사다리를 타고 천국에 올라가 전능자 앞에 있는 가브리엘 천사에게 하나님의 사랑에 대하여 들려 달라고 하면 그는 이렇게 말할 것입니다. '하나님이 세상을 이처럼 사랑하사 독생자를 주셨으니.'"

한 유명한 전도자는 요한복음 3장 16절에 '모든 위대한 것'이 다 들어 있다고 말합니다. 위대한 사랑의 근원인 '하나님', 위대한 사랑의 크기인 '이처럼', 위대한 사랑의 범위인 '이 세상', 위대한 사랑의 행동인 '주셨으니', 위대한 사랑의 선물인 '독생자', 위대한 사랑의 수혜자인 '그를 믿는 자', 위대한 사랑의 통로인 '믿음', 위대한 믿음의 대상인 그분 '예수 그리스도', 위대한 약속인 '멸망하지 않고', 위대한 소유인 '영생을 얻게 하려 하심이라.' 하나님은 이 위대한 선물을 우리에게 주시고자 독생자를 세상에 보내셨습니다. 독생자 예수가 어떤 의미에서 하나님의 위대한 선물이었는지 생각해 보고자 합니다.

하나님이 주시는 가장 좋은 선물

하나님이 인류에게 주실 수 있는 가장 위대하고 가장 소중한 것, 무엇이라고 생각하십니까? 자신의 하나밖에 없는 아들, 곧 독생자가 아니겠습니까.

어떤 절친한 목사님 두 분이 대화를 나누게 되었습니다. 그런데 한 목사님은 아들만 다섯이었고 다른 목사님은 결혼하신 지 오래되었지만 자녀가 없었습니다. 자녀가 없는 목사님이 지나가는 말로 동료 목사님에게 "자네는 아들이 다섯이나 되니 하나만 나에게 양자로 보내면 안 되겠나?"라고 말했더니 어렵지 않게 "우리 사이에 그렇게 함세"라고 대답하셨답니다. 동료 목사님은 집으로 돌아가 죽 누워 있는 다섯 아들을 보고 어떤 아들을 줄 것인가 생각에 잠깁니다. 큰아들은 큰아들이라 안 되겠고, 둘째는 제일 똑똑해서

안 되겠고, 셋째는 다섯 중 제일 잘생겨서 안 되겠고, 넷째는 늘 아프고 병약하여 안 되겠고, 막내 다섯째는 귀엽고 애교 만점의 재롱둥이라 안 되겠더랍니다. 그날 밤 이 목사님은 하나밖에 없는 독생자 아들을 우리에게 주신 하나님의 큰 사랑을 새삼스럽게 깨닫게 되었다고 합니다.

'독생자'라는 말을 이단들은 그리스도가 피조된 존재라는 의미라고 왜곡하여 설명합니다. 그러나 이 단어는 본래 헬라어로 '모노게네스'라는 단어로 등장합니다. 영어로는 'only-begotten'입니다. 예수님은 약속받은 외아들이십니다. 그는 독특하게 아버지 하나님과 같은 성품, 같은 신성을 지니신 유일하신 아들이라는 의미입니다. 요한복음 1장 18절에 "본래 하나님을 본 사람이 없으되 아버지 품속에 있는 독생하신 하나님이 나타내셨느니라"고 증언된 바로 그 외아들, 독생자 예수를 우리에게 주신 것입니다.

믿음의 조상 아브라함에게 여러 아들이 있었지만 사라가 낳은 약속의 아들은 이삭밖에 없었습니다. 그런 의미에서 히브리서 11장 17절에 보면 "아브라함은 시험을 받을 때에 믿음으로 이삭을 드렸으니 그는 약속들을 받은 자로되 그 외아들을 드렸느니라"고 기록합니다. 아브라함이 그 약속의 아들 이삭을 모리아의 제단에 드린 것은 바로 자기 자신을 드리는 결단이었습니다. 동일하게 하늘 아버지 하나님께서도 하나밖에 없는 약속의 아들 예수 그리스도를 갈보리 십자가 제단에 제물로 내어 놓으셨습니다. 독생자 예수 그리스도는 어떤 의미에서 하나님의 선물이십니까? 그 독생자는 바로 하나님 자신이셨던 것입니다. 그래서 그는 실로 가장 좋은 선물이셨습니다.

평생 의지하고 살아갈 선물

독생자가 가장 좋은 선물인 이유는 성도들이 평생 의지할 대상이기 때문입니다. 요한복음 3장 16절에 의하면 독생자를 '어떻게 하면', '누가' 영생을 얻게 됩니까? "그를 믿는 자마다"입니다. 예수 그리스도를 하나님의 아들로 우리의 구주로 믿는 그 순간부터 우리에게는 새로운 인생이 시작됩니다. 바로 믿음의 삶이 시작되는 순간입니다. 그때부터 우리는 한평생 예수만 믿고 사는 자가 됩니다. 그 예수는 어떤 분이십니까?

"예수 그리스도는 어제나 오늘이나 영원토록 동일하시니라"(히 13:8).

그래서 우리는 흔들릴 필요가 없습니다. 그는 진실로 영혼의 견고한 닻이십니다. 로마서에 나타난 바울 사도의 고백을 기억하십니까?

"복음에는 하나님의 의가 나타나서 믿음으로 믿음에 이르게 하나니 기록된 바 오직 의인은 믿음으로 말미암아 살리라"(롬 1:17).

여기 증언된 말씀처럼, 그리스도인의 평생은 믿음으로 믿음에 이르는 인생입니다. 독생자 예수로 말미암아 우리는 이 고귀한 믿음을 선물로 받게 된 것입니다.

〈오직 믿음으로〉(작사 작곡 고형원)란 복음성가가 기억나지 않으십니까? "세상 흔들리고 사람들은 변하여도 나는 주를 섬기리 / 주님의 사랑은 영원히 변하지 않네 나는 주를 신뢰해 / 오직 믿음으로 믿음으로 내가 살리라 / 오직 믿음으로 믿음으로 내가 살리라 / 믿음 흔들리고 사람들 주를 떠나도 나는 주를 섬기리 / 주님의 나라는 영원히 쇠하지 않네 나는 주를 신뢰해 / 오직 믿음으로 믿음으로 내가 살리라 / 오직 믿음으로 믿음으로 내가 살리라." 바로 이런 고백이 가능하도록 우리를 믿음의 사람으로 살게 하시고자 독생자가 오셨습니다. 그런 의미에서 크리스마스는 성도들이 평생 의지하고 살아갈 믿음의 선물을 받은 날입니다. 그리고 우리의 산 타이신 예수께서 그를 따르는 제자들에게 주신 가장 고귀한 선물, 바로 자신을 선물로 주신 날입니다.

 '영원한 안전'을 보장하는 선물
독생자가 가장 좋은 선물인 이유는, 독생자 예수로 말미암아 우리가 영원한 안전을 보장받았기 때문입니다. 요한복음 3장 16절의 궁극적인 약속이 무엇입니까? "멸망하지 않고 영생을 얻게 하려 하심이라"가 아닙니까? 이어지는 요한복음 3장 17절은 다시 이렇게 덧붙여 이 약속을 확인하십니다.

"하나님이 그 아들을 세상에 보내신 것은 세상을 심판하려 하심이 아니요 그로 말미암아 세상이 구원을 받게 하려 하심이라."

그렇습니다. 독생자 예수님은 우리 구원의 영원한 보장이 되어 주십니다. 그를 참으로 믿는 그 순간부터 우리는 더 이상 우리 죄로 말미암은 심판과 멸망을 걱정할 필요가 없습니다. 그것이 복음입니다. 요한복음 5장 24절의 약속의 말씀을 기억하십니까?

"내가 진실로 진실로 너희에게 이르노니 내 말을 듣고 또 나 보내신 이를 믿는 자는 영생을 얻었고 심판에 이르지 아니하나니 사망에서 생명으로 옮겼느니라."

그러나 이런 영원한 안전을 보장하기 위해 독생자 예수 그리스도께서 큰 희생의 값을 치르셨음을 우리는 결코 잊어서는 안됩니다.

부산 북구 화명동 아파트 화재 사건 당시 한 어머니의 고귀한 희생 앞에 온 국민이 눈물을 흘렸습니다. 소방관들이 불을 다 진압하고 이 아파트에 진입했을 때 어머니는 두 아이를 끌어안은 채 재가 되어 발견되었습니다. 엄마와 두 아이를 분리시키기가 어려웠다고 합니다. 온 힘을 다해 두 아이를 품에 끌어안고 있었기 때문이었습니다. 그럼에도 불구하고 불행하게도 그녀는 아이들을 살릴 수 없었습니다. 그것이 인간의 한계입니다. 그러나 독생자 예수님은 자신의 희생으로 그를 믿는 모든 자를 구원하셨습니다. 그는 우리를 구원하시는 데 결코 실패할 수 없는 분이십니다. 전능자의 주권 때문입니다. 요한복음 10장 28절에 기록된 주님의 약속을 기억합시다.

"내가 그들에게 영생을 주노니 영원히 멸망하지 아니할 것이요 또 그들을 내 손에서 빼앗을 자가 없느니라."

예수님은 영원한 구원의 안전을 보장하시고자 이 세상에 오셨습니다. 그러나 다시 기억하십시오. 그는 우리를 구원하시고자 자신을 주셨습니다. 독생자 예수는 하나님의 모든 것, 하나님 자신이셨습니다.

어떤 부부가 다투다가 남편이 부인에게 이렇게 말했다고 합니다. "여보, 당신에게 내가 해 주지 않은 것이 있나 말해 보시오. 난 당신에게 줄 수 있는 모든 것을 주려고 노력했다고 생각해요. 좋은 집, 좋은 자동차, 자녀를 맘껏 기를 수 있고 당신이 한껏 쓸 수 있는 모든 재원, 그리고 모든 자유. 도대체 무엇이 부족하단 말이오?" 이때 아내는 조용히 이렇게 대답했다고 합니다. "그렇지요. 그 모든 것을 주셨어요. 당신 자신을 빼놓고 말이에요."

이 위대한 하나님의 선물, 독생자 예수님을 내 인생의 구주와 주님으로 받으셨습니까? 성경은 "영접하는 자 곧 그 이름을 믿는 자들에게는 하나님의 자녀가 되는 권세를 주셨으니"(요 1:12)라고 약속하십니다. 하나님의 독생자 예수를 구주와 주님으로 믿고 영접하는 순간, 당신은 영생 얻은 자로, 구원받은 자로 믿음의 삶을 살기 시작합니다. 이것이 바로 위대한 복음의 소식입니다.

7. 성령 충만으로 관리하는 시간

시간

에베소서 5:15-18

전 세계적인 베스트셀러 작가 스펜서 존슨(Spencer Johnson)의 《선물》(알에이치코리아)이란 책이 있습니다. 이 책의 주인공은 한 노인과 한 소년입니다. 줄거리는 단순합니다. 어느 날 노인이 주인공 소년에게 세상에서 가장 귀한 선물, 평생 행복을 약속하는 선물을 주겠다고 합니다. 그러나 그 선물이 무엇인지는 직접 알려 주지 않습니다. 힌트만 줄 터이니 스스로 찾으라고 말합니다. 소년은 선물을 찾고자 노력하지만 찾지 못한 채 시간만 흘러갑니다. 어느덧 소년은 성장해 가면서 점차 이 선물에 대해 잊어버립니다. 세월이 흘러 사회인이 되면서 그에게는 해야 할 일이 많아지고 책임도 커집니다. 직장 승진에도 실패하고 점차 삶의 좌절을 경험하는 시간이 많아지자 어느 날 문득 그는 오래전 노인이 주겠다던 선물이 생각나서 그를 다시 찾아갑니다. 노인은 아직도 선물을 찾지 못했느냐고 물으면서 지금까지 살아온 인생의 마당에서 행복했던 장면들을 떠올려 보고 어떤 공통점이 있었는지 생각해 보라고 제시합니다. 그 순간 청년이 된 소년은 노인이 말한 가장 소중한 선물이 무엇인지 비로소 깨닫습니다. 바로 무엇인가에 몰두하고 있었던 한 순간 순간이었던 것입니다. 영어로는 '현재'와 '선물'을 동일하게 'Present'라고 표현합니다. 이 책의 원제도 바로 《Present》입니다. 오늘, 바로 현재라는 순간이 바로 인생의 행복을 여는 선물이라는 의미입니다.

그러나 사실 생각해 보면 오늘만이 선물이 아니라 어제도 선물이었고 내일도 선물입니다. 시간이야말로 가장 소중한 하나님의 선물인 것입니다. 그래서 에베소서 5장 16절에서 사도 바울은 에베소 교회 성도들에게 "세월을 아끼라"고 권면합니다. 영어 성경에는 "Redeem the time"(KJV)이라고 표현되어 있습니다. 시간을 잃지 말고 잘 선용하라는 뜻입니다. 그렇다면 시간은 어떤 의미에서 하나님의 선물인지 생각해 봅시다.

지혜롭게 선용되어야 할 선물

시간은 지혜롭게 선용되어야 할 하나님의 선물입니다. 앞서 시간을 아끼라는 단어가 영어에는 'redeem'이란 말로 표기되어 있다고 언급했습니다. 본래 'redeem'이란 말은 '대가를 지불하고 산다'라는 의미입니다. 시간은, 어떤 대가를 지불하고서라도 선용해야 할 가치를 지녔다는 뜻입니다. 즉, 시간을 낭비하는 것이 가장 어리석은 삶이며, 시간을 선용하는 것이야말로 최고의 지혜인 것입니다. 에베소서 5장 15-16절을 문맥을 따라 함께 읽어 보십시오.

"그런즉 너희가 어떻게 행할지를 자세히 주의하여 지혜 없는 자 같이 하지 말고 오직 지혜 있는 자같이 하여 세월을 아끼라. 때가 악하니라."

잘못하면 악한 시대에 빠져 시간을 낭비하는 어리석은 인생이 될 수 있다는 말입니다. 죄만 짓다가 아까운 인생을 다 낭비할 수 있습니다. 혹시 지난 한 해를 그렇게 낭비하고 살지는 않았습니까? 그렇다면 한 해를 결산하는 순간에 후회막급할 것입니다.

시인 정현종이 지은 〈모든 순간이 꽃봉오리인 것을〉이라는 시가 있습니다. "나는 가끔 후회한다 / 그때 그 일이 / 노다지였을지도 모르는데 / 그때 그 사람이 / 그때 그 물건이 / 노다지였을지도 모르는데 / 더 열심히 파고들고 / 더 열심히 말을 걸고 / 더 열심히 귀 기울이고 / 더 열심히 사랑할 걸 / 반벙어리처럼 / 귀머거리처럼 / 보내지는 않았는가 / 우두커니처럼 / 더 열심히 그 순간을 / 사랑할 것을 / 모든 순간이 다아 / 꽃봉오리인 것을 / 내 열심에 따라 피어날 / 꽃봉오리인 것을!"

그래서 새뮤얼 존슨(Samuel Johnson)은 "짧은 인생은 시간의 낭비로 더욱 짧아진다"고 말했고 데일 카네기(Dale Carnegie)는 "우리는 일 년 후면 다 잊어버릴 슬픔을 간직하느라고 무엇과도 바꿀 수 없는 소중한 시간을 버리고 있다. 소심하게 굴기에 인생은 너무나 짧다"라고 말했습니다. 천만다행인 것은 아직 우리의 인생이 끝나지 않았다는 것입니다. 여전히 살아야 할 매일이라는 시간이 기다리고 있습니다. 그러나 그 시간을 의미 있게 보내려면 지나간 시간에 대한 철저한 평가가 필요하지 않습니까? 진정 어리석은 매일을 맞지 않기 위해, 참으로 지혜로운 한 해를 보내기 위해 시간은 지혜롭게 선용되어야 합니다. 인생 관리 중에 가장 중요한 것이 바로 시간 관리(Time Management)라는 것, 동의하시나요? 그러기 위해서는 시간에 대한 두 번째 성경적 관점을 주목해 주십시오.

성령 충만함으로 사용될 선물
이 시간을 어떻게 지혜롭게 사용하느냐가 우리의 과제

입니다. 우리가 잘 아는 대로 오늘날 우리 사회에서도 시간 관리에 대한 여러 세미나들이 개발되어 도움을 받게 된 것이 사실입니다. 그러나 성경은 이런 기술적인 도움을 넘어서는 초인간적이고 초자연적인 방편을 제시합니다. 그것이 바로 성령 충만입니다. 왜 성령 충만이 시간 관리에 대한 해답이 될 수 있습니까? 결국 시간 관리의 초점은 지혜로운 시간 경영입니다. 그런데 성령이 바로 지혜의 영이라는 것을 기억하십니까? 에베소서 1장 17절에서 바울 사도는 이미 그것을 강조하지 않았습니까?

"우리 주 예수 그리스도의 하나님, 영광의 아버지께서 지혜와 계시의 영을 너희에게 주사 하나님을 알게 하시고."

이어지는 18절에서는 이 지혜의 영으로 우리의 마음 눈을 밝힐 것이라고 하셨습니다. 이사야 11장 2절에 보면 일찍이 선지자는 바로 이 지혜와 총명의 영이 예수님께 임하심으로 그분이 바른 판단을 하시리라고 증언하고 있습니다. 동일하신 주의 영이 임하신다면 우리도 우리에게 주어진 인생의 시간을 지혜롭게 잘 사용하며 살 수 있지 않겠습니까?

그러므로 지나간 시간을 성찰하고 다가올 미래를 바라보면서 우리가 우선 기도할 제목은 바로 성령 충만입니다. 그래서 바울은 에베소서 5장 18절에서 "술 취하지 말라. 이는 방탕한 것이니 오직 성령으로 충만함을 받으라"고 권면합니다. 여기 성령 충만과 정반대의 상태로 언급된 것이 무엇입니까? '술 취함'입니다. 술 취한 사람들이 술을 깨면 제일 많이 하는 행동이 무엇입니까? 후회입니다. 성경에는 노아가 술에 취하여 나체를 드러내고 자식들에게 망신당하는 장면이 기록됩니다. 롯은 술에 취하여 자기 딸과 부도덕한 일을 저지르게 됩니다. 그들이 술에서 깬 후 얼마나 후회했을까요? 술에 취해 하는 모든 행동을 한마디로 표현하면 시간 낭비입니다. 그러나 성령 충만 중에 생각한 모든 것, 행동한 모든 것은 한마디로 후회 없는 충만한 보람입니다. 왜 그렇습니까? 지혜의 영이 우리를 다스리고 이끄셨기 때문입니다. 그래서 우리가 앞날을 바라보며 구할 것은 바로 성령의 충만함입니다. 시간은 바로 성령 충만하여 사용되어야 할 하나님의 선물입니다.

🌱 주님의 뜻을 이루기 위한 선물

시간이란 선물을 이야기하며 이는 지혜롭게 선용되어야 한다는 내용으로 시작했습니다. 그리고 그런 지혜를 얻기 위해 지혜의 영이신 성령을 구해야 한다고 말했습니다. 그렇다면 우리가 성령으로 충만할 때 기대할 수 있는 최선의 유익은 무엇일까요? 주의 뜻을 이해하게 된다는 사실입니다. 그리고 그것은 정확히 에베소서 5장 17절이 성취된 상태입니다.

"그러므로 어리석은 자가 되지 말고 오직 주의 뜻이 무엇인가 이해하라."

주의 뜻을 이해하라는 명령에 뒤따르는 말씀이 무엇입니까? 바로 성령으로 충만하라는 명령입니다. 저는 여기서 인생에 대한 가장 훌륭한 성경적 정의를 발견합니다. "인생은 삶의 주인 되신 하나님의 뜻을 이루기 위해 허락된 시간의 길이"라는 사실입니다. 우리가 인생을 다 살고 결산할 시점에 맞이할 가장 중요한 질문은 얼마나 오래 살았느냐도 아니고 얼마나 많은 돈과 권력을 소유했느냐도 아닙니다. 과연 나는 나를 이 땅에 보내신, 내 인생의 주인 되신 하나님의 뜻을 실현하는 삶을 살았느냐는 것입니다.

제가 좋아하는 설교가 조지 트루엣(George Truett)의 말을 인용하고 싶습니다. "가장 위대한 지식은 하나님의 뜻을 아는 것이고, 가장 위대한 성취는 하나님의 뜻을 행하는 것이다." 인생의 마지막 날 그보다 더 중요한 것은 없습니다. 그런 의미에서 예수님은 성공한 인생을 사신 분이십니다. 그는 마지막 시간을 앞두고 이렇게 기도하십니다.

"아버지께서 내게 하라고 주신 일을 내가 이루어 아버지를 이 세상에서 영화롭게 하였사오니"(요 17:4).

그는 마침내 십자가 고통의 절정에서 이렇게 외치십니다. "다 이루었다!"(요 19:30) 예수님이시니까 가능한 고백이라 여길 수도 있습니다. 그렇다면 이제 예수님의 제자 바울의 고백을 들어 보십시오.

"나는 선한 싸움을 싸우고 나의 달려갈 길을 마치고 믿음을 지켰으니. 이제 후로는 나를 위하여 의의 면류관이 예비되었으므로 주 곧 의로우신 재판장이 그날에 내게 주실 것이며 내게만 아니라 주의 나타나심을 사모하는 모든 자에게도니라"(딤후 4:7-8).

그의 고백은 우리에게도 가능한 고백이라는 말씀 아닙니까?

문제는 아직도 남습니다. 주의 뜻은 높고 광범한데 우리가 어떻게 그 모든 명령을 다 준행할 수 있겠습니까? 인생을 결산하는 날, 우리는 가장 중요한 두 가지 명령 앞에 설 것입니다. 우리는 하나를 전도의 명령(대사명, Great Commission), 또 하나를 사랑의 명령(대계명, Great Commandment)이라고 불러 왔습니다. 다른 것은 몰라도 나를 구원한 이 말씀을 전할 만큼 전하다 왔는지, 그리고 내게 사랑하라고 주신 이웃들을 사랑할 만큼 사랑하다 왔는지 말입니다. 전도와 사랑에 후회가 없는 인생을 살고 계십니까? 아니라면 그래서 매일 새로운 기회가 주어진다고 믿으시겠습니까? 더 전도하라고, 더 사랑하라고. 그렇게 내 뜻을 이루면 세상은 끝나는 것이라고!

제가 청춘 시절 흥얼거리던 팝송 중에 〈세상의 끝〉(The end of the world, 작사 실비아 디, 작곡 아더 켄트)이란 노래가 있습니다. 지금도 들을 수 있는 노래이지요.

"왜 태양은 계속 빛나고 있는지?(Why does the sun go on shining?) / 왜 파도는 해안으로 밀려오는지?(Why does the sea rush to shore?) / 그들은 세상이 끝났음을 모르는 것일까?(Don't they know it's the end of the world?) / 네가 나를 더 이상 사랑하지 않는데('Cause you don't love me anymore) / 왜 새들은 계속 노래하는 것일까?(Why do the birds go on singing?) / 왜 별들은 위에서 빛나는 것일까?(Why do the stars glow above?) / 그들은 세상이 끝났음을 모르는 것일까?(Don't they know it's the end of the world?) / 내가 너의 사랑을 잃었을 때 끝난 거야(It ended when I lost your love)".

메시지가 무엇입니까? 사랑이 없어진 세상, 그것이 바로 세상의 끝이라는 것입니다. 물론 이 노래의 작사자는 인간적인 사랑만 생각했을지 모릅니다. 그러나 신령한 사람은 세속적 팝송을 듣고도 신령한 영적 사랑을 생각할 수 있어야 합니다.

사랑하지 못하면, 사랑하지 않는다면 삶은 의미가 없다는 것, 성경적 메시지가 아닙니까? 그렇다면 이제라도 진정 주의 뜻을 따라 못다 한 사랑 다하겠다고 결심하시겠습니까? 진정 주의 뜻을 따라 못다 한 전도를 다하겠다고 결심하시겠습니까? 그리고 주님이 우리를 언제 부르시든 "전도, 할 만큼 하려고 노력했습니다. 사랑, 할 만큼 하려고 노력했습니다"라고 고백할 수 있어야 할 것입니다. "이제 그만 저를 부르셔도 됩니다"라고 대답할 그날을 준비하시겠습니까? 시간, 사랑하고 전도하라고 주신 선물입니다. 시간, 주의 뜻을 이루도록 우리에게 맡기신 삶의 길이입니다. 그러면 이제 후회 없는 시간을 결산하기 위해 십자가 앞에 서십시오. 십자가는 후회스런 과거를 회개로 청산하고 복된 미래를 위해 헌신하도록 일으키는 곳입니다. 주 예수께서 십자가에 달리신 이유, 우리의 허물과 죄 때문이 아닙니까? 그가 거기서 다시 사신 이유, 우리가 용서받아 새 삶을 가능하도록 하기 위해서가 아닙니까? 그러면 지금 그 십자가 앞에 다시 서십시오. 그리고 새로운 내일로 떠나십시오.

영적 가족

시편 133:1-3

우리가 세상에 태어나고 얼마 되지 않아 깨닫는 놀라운 사실은, 우리가 혼자가 아니라 가족이 있다는 것입니다. 그리고 나는 부모 형제들과 더불어 사는 가족 공동체의 일원임을 자각하게 됩니다. 마찬가지로 우리가 영적으로 거듭나고 믿음의 사람이 되는 순간 우리는 영적 가족을 지닌 공동체의 일원임을 깨닫게 됩니다. 시편 133편은 그런 영적 가족들이 연합하여 동거하는 아름다움을 예찬 하는 내용입니다. 옛날 이스라엘 백성들은 일 년 중 3대 절기에 속 하는 유월절, 오순절, 그리고 초막절이 되면 각자 머무르던 삶의 자리에서 잠시 떠나 모두 예루살렘으로 향합니다. 그리고 일정한 기간을 거룩한 도시에서 합숙하면서 성전에서 예배하고 가족들과 깊은 교감을 나누는 영적 교제를 누리게 됩니다.

올해는 지구촌 공동체가 탄생 30주년을 기념하는 해입니다. 1993년 11월, 65명의 성도들이 당시 수지 선경 스마트복지관 강당을 빌려 창립 준비 예배를 시작했고 1994년 1월 첫 주에 공식적인 탄생 예배를 드리게 되었습니다. 비록 카세트 테이프를 만들어 내는 공장의 매연이 코를 찌르고 엘리베이터도 없는 5층을 걸어 오르내리는 수고가 있었지만 매주의 예배는 감동과 은혜였습니다. 그것은 복음 안에서 한 몸을 이룬 형제자매들의 진정한 사랑의 연합을 경험하는 축제였습니다. 그리고 30년의 세월이 흘렀습니다. 지구촌교회는 다섯 곳으로 나뉘어 매 주일 3만여 명이 예배하는 대가족 공동체가 되었지만 매 주말 10명 미만의 소그룹 목장으로 흩어져 영적 소가족 공동체를 이루어 여전히 사랑의 연합을 경험하며 서로가 서로에게 축복이 되는 삶을 나누고 있습니다. 그래서 시편 133편 1절 말씀은 이런 영적 가족 공동체를 선물로 받은 우리 모두의 변함없는 고백입니다.

"보라 형제가 연합하여 동거함이 어찌 그리 선하고 아름다운고."

1절에는 영어로 'how'라는 단어가 감탄의 의미로 두 번씩 반복 사용되고 있습니다. "how good!"(얼마나 좋은가) "how pleasant!"(얼마나 유쾌한가) "믿음의 형제들이 연합하여 동거함이 얼마나 선하고(좋고) 얼마나 아름다운가(유쾌한가)"라는 고백입니다. 성경에서 처음으로 좋지 않다는 표현이 어디에 등장하는지 아십니까? 창세기 2장 18절에 하나님이 홀로 있는 아담을 보시고 "사람이 혼자 사는 것이 좋지 아니하니 내가 그를 위하여 돕는 배필을 지으리라"고 말씀하셨습니다. 그리고 여인 하와를 만드시고 그들을 부부로 연합하게 하시며 "보시기에 심히 좋았더라"고 흡족해하십니다. 그런데 시편 133편에서는 육신적 가족 이상으로 영적 가족의 존재가 하나님의 선하고 유쾌한 기쁨이라고 말씀하십니다. 도대체 영적 가족의 존재 의미는 무엇일까요?

 ## 축복을 나누는 공동체

영적 가족은 축복을 나누는 공동체를 뜻합니다. 시편 133편에서 기자는 영적 가족의 존재 의미를 설명하는 두 개의 그림을 사용하고 있습니다. 그 첫째 그림이 제사장 아론의 머리에 기름이 부어지는 장면입니다. 시편 133편 2절을 보겠습니다.

"머리에 있는 보배로운 기름이 수염 곧 아론의 수염에 흘러서 그의 옷깃까지 내림 같고."

이 '보배로운 기름' 곧 '쉐멘 핫토브'는 본래 대제사장 임직식 때

머리에 붓는 특별한 기름으로, 성별되어 거룩하고 복된 직분을 보여 줍니다. 제사장의 책임이 여러 가지가 있지만 가장 중요한 직임은 백성을 축복하는 역할입니다. 여기 제사장의 머리에 부어지는 기름이 옷깃까지 흘러내리는 모습은 제사장이 대표하는 공동체인 몸의 모든 부분까지 그 축복이 골고루 흘러내림을 뜻합니다. 이렇게 기름 부음을 받고 제사장이 된 그는 취임 후 백성을 축복하는 가장 중요한 역할을 담당합니다.

"아론과 그의 아들들에게 말하여 이르기를 너희는 이스라엘 자손을 위하여 이렇게 축복하여 이르되"(민 6:23).

아론의 가장 중요한 소명은 백성을 축복하는 것이었습니다. 그런 의미에서 아론은 축복의 통로로 볼 수 있습니다. 만인제사장의 시대인 새로운 언약 시대에서 성도들은 교회를 통하여 서로가 서로에게 축복해 주어야 합니다. 오늘날 교회 예배의 마지막 순서가 목사님의 축도로 이루어진 것도 교회가 이런 축복의 공동체로서 변함없이 존재해야 한다는 사실을 상기시켜 줍니다. 그러나 이 축복은 가벼운 의미에서 모든 것이 잘되기를 바라는 의미 정도가 아니었습니다. 본래 '축복하다'는 단어 'bless'는 'bleed', 곧 '피를 흘리다'라는 어원에서 유래한 것으로, 구약시대 제사장이 드리는 피의 예물로 하나님과 우리가 화목해진 상태를 뜻합니다. 따라서 기독교 공동체가 낳은 가장 아름다운 인사, "하나님이 당신을 축복하시기를!"(May God bless you)이 가능하기 위해 하나님의 아들 예수님이 십자가에서 피 흘려 죽으셨음을 우리는 기억할 필요가 있습니다. 우리는 그 피로 맺어진 가족입니다. 그리고 우리는 서로를 축복하며 살아갈 운명의 공동체입니다. 그런 의미에서 우리는 피로 맺어진 축복 공동체인 것입니다.

 ### 생명을 나누는 공동체

영적 가족은 생명을 나누는 공동체입니다. 영적 가족의 존재 의미를 설명하는 두 번째 그림이 등장합니다. 그것은 '헐몬의 이슬'입니다. 시편 133편 3절 보겠습니다.

"헐몬의 이슬이 시온의 산들에 내림 같도다. 거기서 여호와께서 복을 명령하셨나니 곧 영생이로다."

헐몬산(헤르몬산)은 갈릴리 호수에서 64km 북동쪽에 위치한, 팔레스타인 땅에서 가장 높은 2,815m 높이의 산입니다. 산의 최고봉에는 언제나 만년설이 있어서 팔레스타인 땅 어디서든지 이 산 봉우리에 쌓인 눈을 볼 수 있습니다. 여기 쌓인 눈이 녹아 요단강으로 흘러들어 가기에 이스라엘 전체에 물을 공급하는 수원지 역할을 합니다. 또 산 정상의 낮은 온도가 대기 중의 수분을 급속하게 냉각시켜 밤새 엄청난 양의 이슬이 내립니다. 이 이슬은 바람에 흩날려 팔레스타인 전역에 뿌려지는데, 강우량이 적은 이 지역에서는 수분을 공급하는 중요한 역할을 감당합니다. 특히 아침 이슬은 건조한 이 지역에 문자 그대로 생명을 공급합니다. 이 이슬은 상당수의 낮은 언덕과 산과 들에 내리는데 남쪽 예루살렘의 시온산 언덕까지 내려 생명들을 살리는 역할을 합니다.

"내가 이스라엘에게 이슬과 같으리니 그가 백합화같이 피겠고 레바논 백향목같이 뿌리가 박힐 것이라. 그의 가지는 퍼지며 그의 아름다움은 감람나무와 같고 그의 향기는 레바논 백향목 같으리니"(호 14:5-6).

여기 이 말씀에 "내가 이스라엘에게 이슬과 같으리니"라는 표현을 주목하십시오. 하나님께서 당신의 백성을 살려 내는 이슬 같은 존재이듯 주의 영적 가족들의 존재 의미 역시 서로가 서로를 살려 내는 역할을 감당해야 한다는 말입니다. 네 명의 친구가 한 명의 중풍병자를 데리고 예수님 앞에 나아와 그를 살려 낸 것처럼 우리 공동체는 서로를 살려 내야 합니다. 그런 의미에서 우리는 부활 공동체요 생명 공동체인 것입니다.

아마 지구촌교회 공동체 중에 이런 사명을 잘 감당한 기적의 공동체가 암 환자들의 목장이 아닐까 생각합니다. 서로의 고통을 끌어안고 기도하는 중에 치유를 경험하고 선교사를 파송하고 지금 S국에서 세 번째 교회를 개척하고 있는 강마리아 선교사 같은 경우에도 우리 교회가 영적 가족으로 존재하는 가장 중요한 의미를 전달하지 않습니까? 시편 110편 3절에 보면 "새벽이슬 같은 주의 청년들"이란 표현이 등장합니다. 그들이 새 역사의 소망이라는 뜻이겠지요. 그러나 청년들뿐 아니라 우리는 서로가 서로를 향해 "당신은 내게 아침 이슬, 새벽이슬과 같은 분이십니다"라고 고백할 수 있어야 할 것입니다. 그것이 바로 우리가 영적 가족으로 존재하는 이유이기 때문입니다.

천국을 경험하는 공동체

시편 133편은 영적 가족의 두 가지 그림을 소개하였습니다. 그들의 존재는 대제사장 아론의 머리에 부어진 보배로운 기름과 같고 시온의 산들에까지 내리는 헐몬의 이슬과 같다고 말입니다. 그것은 다름 아닌 축복과 생명을 나누는 영적 가족 공동체의 그림이었습니다. 그런데 이어서 3절에서는 바로 "거기서 여호와께서 복을 명령하셨나니 곧 영생이로다"라고 말합니다. 무슨 뜻입니까? 끝없이 자신이 아닌 이웃을 향한 축복을 나누는 그곳, 그리고 영원한 생명을 필요로 하는 이웃들에게 자신의 생명을 공급하여 이웃들을 살려 내고 있는 그곳, 그래서 함께 기뻐하고 함께 감격하며 함께 사랑하며 살아가는 그곳, 그곳이 바로 영생을 누리는 천국의 모습이 아니겠습니까? 이 땅에서 경험하는 아름다운 성도의 교제가 바로 천국의 그림자라는 말입니다. 우리가 이 땅에서 선하고 아름다운 성도의 교제를 체험하는 순간, 우리는 바로 천국을 경험하고 있는 것입니다.

성경에 보면 천국은 완벽한 사람들이 와서 즐기는 곳이 아닙니다. 요한계시록 21장 4절은 우리가 새 하늘 새 땅 곧 천국에서 경험할 첫 번째 일로 "모든 눈물을 그 눈에서 닦아 주시니"라고 증언합니다. 그렇다면 이 땅에서도 그런 천국을 경험하려면 우리는 상처 받은 이웃들의 눈물을 씻기는 일부터 시작해야 합니다. 그것이 바로 천국을 경험하는 일이기 때문입니다.

우리 사회에서 잔잔한 감동의 파도를 일으켰던 '로봇 다리 세진이' 이야기를 들어보셨습니까? 세진 씨는 선천성 무형성장애아로 두 다리가 없는 채로 태어나 보육시설에 맡겨진 아이였습니다. 보육시설에 와서 자원봉사 하던 양정숙 성도에게 입양된 그는 엄마가 자신을 가슴으로 낳았다고 말합니다. 의족을 단 그를 강한 사람으로 키우기 위해 엄마는 울면서 그를 넘어뜨렸습니다. 엄마는 일어서거나 걷는 것보다 더 중요한 것은, 넘어질 때마다 일어서는 것이라고 가르쳤습니다. 그는 엄마의 말을 믿고 넘어질 때마다 울며 기도하면서 다시 일어서는 법을 배웠다고 말합니다.

다리가 없던 그는 어려서부터 기도할 수밖에 없었습니다. 그의 말을 들어 보십시오. "난 매일 하나님께 기도했어요. 다리를 달라고, 거짓말하지 않고 착한 아이가 될 테니까 다리를 달라고…. 그리고 하나님은 마침내 다리를 주셨어요. 로봇 다리를." 그는 그 로봇 다리로 2005년 해발 4,401m 로키산맥 최고봉을 등정했고, 2011년 뉴욕 허드슨강에서 열린 10km 장거리 수영에서 18세 미만 1위라는 기록을 달성했고, 성균관대학교 최연소 합격자가 되었습니다. 그리고 2016년 리우데자네이루 올림픽 수영마라톤 남자 10km 최종예선에 나서기도 했습니다.

그는 삶의 도전이 가능했던 것은 두 가지 덕분이었다고 고백합니다. 첫째는 하나님, 둘째는 엄마와 또 다른 엄마의 역할을 한 누나 덕분입니다. 그는 그의 가족을 '발랄 유쾌 코믹 가족'이라고 소개합니다. 그들 가족은 가훈을 정하는 놀이를 합니다. "세상을 위해 날지 말고 세상을 향해 날아라", "오늘을 이기면 내일이 밝다", "새우잠을 자더라도 고래 꿈을 꾸자", "파도를 두려워하는 물고기는 살 수 없다." 이 가족의 분위기가 짐작이 되시지요? 그리고 그는 이제 세상이 보기에 훌륭한 사람을 넘어 하나님 보시기에 훌륭한 사람이 되는 것이 인생의 꿈이라고 말합니다. 그는 말합니다. 달리기 경주를 할 때 나 혼자 죽어라고 달리면 혼자 1등하지만, 우리가 서로 손을 잡고 달리면 함께 1등을 한다고, 그것이 바로 가족의 의미라고 말입니다. 그의 가족이 보여 주는 삶, 바로 천국을 이 땅에서 살아 내는 영적 가족의 모습이 아니겠습니까?

"보라 형제가 연합하여 동거함이 어찌 그리 선하고 아름다운고"(시 133:1).

오늘 성경은 우리에게 이런 천국 가족의 아름다운 풍경을 전달합니다. 이런 천국 가족의 공동체인 교회를 주신 하나님께 감사할 수 있기를 주의 이름으로 축복합니다.

9. 하나님 나라를 위해 자원된 헌신

재능

출애굽기 36:1-7

지구촌교회의 지난 30년을 되돌아보면, 첫 10년은 선교의 명령에 순종하고자 한 시간들이었습니다. 그 결과 우리가 속한 교단에서 지구촌교회는 질적, 양적으로 가장 활발한 역동적 선교를 담당하는 1번지 교회가 되었습니다. 감사한 일이었고 주님의 전도 명령이 그 무엇보다 우선해야 한다는 성경의 가르침을 따르고자 노력한 결과였습니다. 그다음 10년은 성경이 가르치는 두 번째 명령인 사랑의 실천을 위해 사회복지 사역에 헌신하고자 했습니다. 지구촌교회 창립 9년째가 되던 해인 2002년 8월 5일, 우리는 사회복지법인 지구촌사회복지재단을 정식으로 설립하고 그동안 직영 시설인 지구촌노인복지센터(주간노인보호센터), 지구촌보호작업장(제과제빵을 만드는 장애인 일터, 뜨랑슈아), 위탁 시설인 용인시사랑의집(무연고 노인들의 삶의 터전), 성남시율동생태학습원(장애인 치유 교육기관), 분당노인종합복지관, 용인시수지노인복지관, 수지구무한돌봄네트워크센터, 용인시수지장애인복지관, 용인시다문화가족지원센터, 용인시건강가정지원센터, 화성시동탄아르딤복지관, 화성시아름장애인보호작업장(통탄점, 양감점) 등 총 14개의 복지 기관을 통해 이웃들을 섬기고자 했습니다. 그 결과 한국 교회로서는 사회봉사에 헌신하기로 아마 몇 손가락 안에 드는 대표적이고 모범적인 공동체가 될 수 있었습니다. 너무 감사한 일입니다.

성남아트센터를 빌려 중증장애인 자립 지원 시설을 건립하기 위한 사랑의 음악회를 개최하기도 했습니다. 이때 지구촌교회 '주은혜 찬양단'과 '비전 오케스트라', '비전 코랄팀'이 소위 재능 기부를 했습니다. 오늘날 우리 사회가 선진 복지 국가를 지향하면서 최근 적지 않게 재능 기부라는 말을 접하게 되었습니다. 그러나 재능 기부 운동의 원천은 성경이고 교회라는 것을 아는 사람은 많지 않습니다. 이제 살펴볼 출애굽기 36장 1-7절에서 우리는 재능 기부의 대표적인 현장을 접하게 됩니다. 재능은 하나님의 선물입니다. 그러나 이 재능은 궁극적으로 하나님의 나라를 위해 쓰여야 할 선물입니다. 우리 앞에 새롭게 열린 날, 우리 인생의 남은 날 동안 우리는 하나님께 받은 우리의 재능을 어떻게 사용할지 생각해 보고자 합니다. 그렇다면 재능에 대한 성경적 관점을 먼저 확립할 필요가 있을 것입니다. 재능, 어떤 의미에서 하나님의 선물일까요?

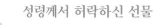 **성령께서 허락하신 선물**

자연적 재능도 성령님께서 허락하신 선물입니다. 오늘날 한국 교회 내에는 재능에 대한 이원론적 견해가 존재하고 있습니다. 전도나 치유 기도를 하는 은사는 성령을 통해 주어지지만 음악과 미술, 체육 같은 재능은 성령과 상관없이 자연히 타고나는 재능으로 이해되는 경향입니다. 그러나 성경은 우리가 지닌 자연적 재능도 사실은 성령을 통해 주어진다고 가르칩니다. 곧 살펴볼 구절은 구약시대 성막 건설을 지휘하고 헌신한 사람들의 이야기를 기록하고 있습니다. 우선 두 사람의 이름이 소개되는데 한 사람은 브살렐, 또 한 사람은 오홀리압이었습니다.

출애굽기 31장 서두에 의하면 브살렐이 책임 지도자였고 오홀리압은 부지도자였습니다. 본문 1절에서는 그들을 "여호와께서 지혜와 총명을 부으사 성소에 쓸 모든 일을 할 줄 알게 하신 자들"

이라고 소개합니다. 출애굽기 35장 31절은 "하나님의 영을 그에게 충만하게 하여 지혜와 총명과 지식으로 여러 가지 일을 하게 하시되"라고 증언합니다. 그들은 건축자, 조각가, 보석 세공 기술자, 자수 공예 예술가 들이었습니다.

　물론 이들은 성령과 상관없이 이런 재능을 발휘할 수 있었습니다. 그러나 적어도 하나님이 그분의 장막인 성막을 짓는 일에 필요한 이들을 세워 기술이나 조예, 재능을 성령으로 주셨다면, 하나님은 이들이 또한 성령에 충만하여 이 일을 수행하기를 기대하셨습니다. 여기 두 가지 극단적 견해가 존재합니다. 이런 성막 건설을 할 때 성령 충만과 상관없이 재능이 출중한 사람들을 고용하여 일을 추진해야 한다는 것이 한 견해라면, 또 다른 견해는 재능과 상관없이 성령 충만한 사람을 고용하여 일을 하게 해야 한다는 것입니다. 성경은 두 가지를 다 요구합니다. 재능도 있어야 하고 성령도 충만해야 합니다. 이런 원칙은 초대교회에서 구제로 인한 교회 내 갈등이 야기되었을 때 이 문제를 처리하기 위한 일곱 명의 일꾼들을 뽑는 과정에 반영되었습니다.

　"형제들아 너희 가운데서 성령과 지혜가 충만하여 칭찬받는 사람 일곱을 택하라. 우리가 이 일을 그들에게 맡기고"(행 6:3).

　성경 학자들은 여기서 집사직이 기원되었다고 추정합니다. 그들에게는 두 가지 사이에서 균형이 필요했습니다. '성령과 지혜'의

균형 말입니다. 여기서 지혜는 그들의 재능이 반영되는 기술이었던 것입니다. 여기에서 모든 교회 청지기가 교회의 사역을 감당할 때 점검해야 할 요소 세 가지를 떠올리게 됩니다. 첫째, 나는 이 일 하기를 좋아하는가? 둘째, 잘할 수 있는가? 셋째, 그 일을 성령 충만함으로 감당할 수 있는가? 그때 비로소 우리가 타고나는 자연적 재능들은 하나님의 사역을 이루는 복된 통로가 되는 것입니다.

하나님의 명령에 따라 사용될 선물

우리가 어떤 일에 재능이 있고 성령 충만하다 할지라도 하나님 사역의 마당에서 재능을 사용하는 또 하나의 중요한 원칙이 있습니다. 출애굽기 36장 1절 하반부에 보면 "모두 여호와께서 명령하신 대로 할 것이니라"고 기록되었습니다. 재능을 수행하는 과정도 철저히 하나님의 방법대로 따라야 한다는 의미입니다. 대개 재능이 탁월한 사람일수록 자신을 과신하는 고집에 빠지기 쉽다는 단점이 있습니다. 그러다 결국 이 사람은 하나님의 인도대로 일하는 것이 아니라, 자기 고집, 자기 방법대로만 일하는 사람이 되고 맙니다. 그래서 하나님은 옛날 이스라엘의 장인들이 성막을 건설하는 과정에서도 세세한 부분까지 하나님의 명령을 따르라고 말씀하신 것입니다. 은사와 재능도 중요하고 마지막 결과물도 중요하지만 과정 또한 중요하다는 말입니다. 여기 성경에 입각한 중요한 기독교 윤리 원칙이 있습니다. 그것은 목적이 수단을 정당화할 수 없다는 것입니다. 목적이 선하다면 수단과 과정까지 선해야 합니다. 수단과 방법을 가리지 않고 일하는 것은 성경적 청지기의 삶이 아닙니다.

제가 지난 수십여 년 동안 목회를 수행하면서 늘 스스로 상기해 온 중요한 원칙이 있었습니다. 교회 내에서 아무리 좋은 결과를 가져올 그럴듯한 제안이라 할지라도 그릇된 수단이나 방법을 사용해야 한다면 그 일을 미련 없이 포기한다는 원칙입니다. 그러나 반대로 그 일이 하나님의 마음에 합한 일이며 주께서 기뻐하시는 과정을 거친다면 힘들고 어려워도 기꺼이 감당하고자 했습니다. 아마도 이런 생각을 주께서 기뻐하셨기에 큰일은 하지 못했어도 대과 없이 목회를 수행하게 되지 않았나 싶습니다. 또 아무리 좋은 일을 시작했어도 기도를 게을리하면 좋은 일이 변질되는 것을 우리는 자주 목격합니다. 그래서 과정을 지나는 동안 끊임없는 기도가 무엇보다 중요합니다. 어떤 일을 시작할 때는 기도하지만 일이 한창 무르익다 보면 기도를 망각할 수 있습니다. 아주 구체적인 부분까지 하나님께 여쭙는 기도가 필요합니다. "하나님, 이렇게 하면 어떨까요? 어떻게 하는 것이 최선일지 가르쳐 주십시오." 모든 그리스도인들이 하나님의 명령과 인도를 따라 하나님 나라를 위해 재능을 사용하게 되기를 기도합니다. 재능은 하나님의 명령을 따라 사용되어야 할 선물입니다.

 자원적 헌신에 의해 사용될 선물

"모세가 브살렐과 오홀리압과 및 마음이 지혜로운 사람 곧 그 마음에 여호와께로부터 지혜를 얻고 와서 그 일을 하려고 마음에 원하는 모든 자를 부르매"(출 36:2).

재능은 자원적 헌신으로 사용될 선물입니다. 이 구절에서 주목할 말씀은 마음에 원하는 자를 부르셨다는 대목입니다. 주님은 마음으로 자원하는 자들의 헌신을 통해 성막이 세워지기를 소원하신 것입니다. 그리고 이어서 성막에 필요한 재료도 백성이 자원하는 예물로 공급하기를 원하셨습니다. 출애굽기 36장 3절을 보십시오.

"그들이 이스라엘 자손의 성소의 모든 것을 만들기 위하여 가져온 예물을 모세에게서 받으니라. 그러나 백성이 아침마다 자원하는 예물을 연하여 가져왔으므로."

주님이 제일 싫어하시는 것은 강요된 헌신입니다. 이것은 신약 시대의 헌금 정신에 대한 가르침에서도 분명하게 드러납니다. 바울은 고린도후서 9장 7절에서 "각각 그 마음에 정한 대로 할 것이요 인색함으로나 억지로 하지 말지니 하나님은 즐겨 내는 자를 사랑하시느니라"고 말합니다.

그렇다고 자원함이 최소의 헌신을 의미하는 것은 아닙니다. 자원의 가치를 아는 자들에게 오히려 그것은 최대의 헌신을 불러일으키는 동기였습니다. 자원의 정신은 진정한 감사에 뿌리박고 있기 때문입니다. 이어지는 "너희가 모든 일에 넉넉하여 너그럽게 연보를 함은 그들이 우리로 말미암아 하나님께 감사하게 하는 것"이라는 고린도후서 9장 11절이 그것을 증명하지 않습니까?

출애굽기 36장에 나타난 이스라엘 백성의 모습은 이렇게 자원하는 마음이 얼마나 고귀한 결실을 낳았는지 증명합니다.

"성소의 모든 일을 하는 지혜로운 자들이 각기 하는 일을 중지하고 와서 모세에게 말하여 이르되 백성이 너무 많이 가져오므로 여호와께서 명령하신 일에 쓰기에 남음이 있나이다"(출 36:4-5).

마침내는 다음 절에 더 이상 가져오지 말라고, 이미 헌물이 넘쳐난다는 광고를 하기에 이르렀습니다. 지금 우리 식으로 말하면 헌금 그만하라는 특별 광고를 한 것입니다. 과연 지금 우리에게는 이런 헌신이 불가능한 것일까요? 헌금 시간이 오면 가까스로 최소한 체면치레만 하는 우리와 너무 비교가 되지 않습니까? 최근에 이런 유머를 들었습니다. 만 원과 천 원이 대화를 나누게 되었습니다.

최근에 어디 다녀왔느냐고 안부를 서로 묻자 만 원은 그가 방문한 백화점, 고급 식당, 룸살롱, 해외여행 이야기를 신나게 했다고 합니다. 그러자 천 원은 주로 주일에 여행을 했는데 지난 주일도 교회, 그 지난 주일도 교회, 교회만 방문하고 왔다고 말합니다. 금액의 문제가 아니라 우리의 초라한 헌신을 풍자하는 이야기라고 생각합니다.

한 문화 비평가는 한 민족의 문화적 성숙은 자원봉사의 행렬에서 찾아야 한다는 논설을 썼습니다. 그런 의미에서 보자면 우리나라는 아직도 갈 길이 멀다고 느낍니다. 물론 예전보다 나아졌지만 우리나라에서는 자원봉사자들만 의지하여 어떤 일을 진행하는 것이 어렵다고 합니다. 급여도 받지 않는데 이만하면 되지 않겠느냐는 생각 때문에 매우 불규칙적으로 참여하는 모습을 보입니다. 그러나 제가 이민 목회를 하면서 외국에서 본 자원봉사자들은 달랐습니다. 정식으로 고용된 분들 이상으로 정시에 출근하고 제시간에 퇴근하며 최선을 다해 봉사하는 그들의 모습에 큰 감동을 받았습니다. 제가 방문한 시애틀의 한 교회는 기독교 사립학교를 운영하는데 교장 한 사람을 제외한 전원이 무보수 시니어 봉사자들이었습니다. 자원봉사자들만으로 학교 운영도 가능했던 것입니다.

청교도 시대에 우리 신앙의 선배들이 남긴 고백이 새삼스럽게 떠오릅니다. "썩어서 죽기보다 닳아서 죽겠다"는 고백 말입니다. 정말이지 하나님 나라 운동은 구원의 은총에 감격한 선배들이 불

꽃 같은 헌신으로 자원하여 인생을 드림으로써 가능했던 역사였습니다. 재능, 하나님께서 주신 하나님 나라를 위해 하나님의 명령에 따라 자원해서 사용될 선물입니다. 그 선물을 남은 인생 동안 어떻게 사용하시겠습니까?

중남미 에콰도르 아우카족에게 선교하다가 청춘과 인생을 아마존 정글에 제물로 바친 짐 엘리엇이 남긴 위대한 말을 함께 기억하고 싶습니다. 그의 헌신이 낭비가 아니었느냐는 말에 그의 아내가 소개한 엘리엇의 고백이었습니다.

"영원한 것을 얻기 위해 영원하지 않은 것을 버리는 자는 결코 어리석은 자가 아니다"(He is no fool who gives what he cannot keep to gain that which he cannot lose).

10. 섭리의 오묘함이 담긴 창조 세계

자연

시편 19:1-6

과거 한국 성도들에게 가장 사랑받았던 찬송 중의 하나는 몰트비 배브콕(Maltbie Babcock) 목사가 작사한 새찬송가 478장, 〈참 아름다 워라〉(작사 몰트비 배브콕)일 것입니다. 이분은 본래 야구선수 출신이 었는데, 목회자가 된 후 목회에 지나치게 열중한 나머지 건강이 쇠약해지고 있었습니다. 그는 설교자로서 30대에 이미 큰 명성을 얻었고 교회는 날로 부흥하고 있었지만 그의 건강은 급속도로 나 빠지고 있었습니다. 그는 건강을 회복하기 위해 아침마다 조깅을 시작했습니다. 어디에 가느냐고 아내가 물으면 항상 "아버지가 지으신 세상을 보러 가요"(I am going out to see my Father's world)라고 대답했다고 합니다. 그는 종종 언덕을 넘어 숲속에 들어가 새들의 노랫소리에 귀를 기울였고 석양 무렵엔 온타리오 호숫가에서 아름다운 노을을 하염없이 지켜보곤 했습니다. 그의 산책길에서 태어난 아름다운 시가 바로 이 찬송의 가사입니다. 여행하고 친구도 사귀면서 천천히 쉬어 가며 목회하라는 충고를 받을 때마다 그는 "자연이 내 친구요 내 피난처입니다. 자연은 가장 좋은 하나님의 선물입니다. 자연이 있는 것으로 족합니다"라고 대답했다고 합니다. 그는 42세에 교인들의 강권으로 잠시의 쉼을 얻고자 성지순례를 떠났다가 귀국길에 지중해성 고열로 세상을 떠납니다. 그가 세상을 떠난 직후 그의 아내는 그가 남긴 아름다운 시를 소개했고 이 찬송, 〈참 아름다워라〉가 태어납니다. "참 아름다워라 주님의 세계는 / 저 솔로몬의 옷보다 더 고운 백합화 / 주 찬송하는 듯 저 맑은 새소리 / 내 아버지의 지으신 그 솜씨 깊도다."

배브콕 목사의 고백처럼 자연은 하나님의 참 좋은 선물입니다. 그것을 증언하는 대표적인 시가 바로 시편 19편입니다. 시편 19편은 하나님이 인류에게 주신 두 가지 고귀한 선물 '자연과 말씀'(19:1-6, 7-14)을 예찬하는 시입니다. 자연이 일반계시 혹은 자연계시라고 한다면 성경 말씀은 특별계시라고 할 수 있습니다. 자연이 큰 책이라면 성경은 작은 책입니다. 하나님은 우리에게 일반적인 계시도 주셨고 특별한 계시도 주셨습니다. 계시는 하나님이 인간에게 자신을 드러내시는 방편입니다. 오늘 우리는 먼저 자연계시를 생각해 보고자 합니다. 옥스퍼드대학교에서 문학을 가르치던 C. S. 루이스(Clive Staples Lewis) 교수는 "이 시편은 모든 시편 중에 가장 위대한 시이며 세상에서 가장 위대한 서정시 중의 하나이다"라고 평가했습니다. 오늘 이 시편이 드러내는 자연은 어떤 의미에서 하나님의 위대한 선물이라고 할 수 있을까요?

 하나님의 영광을 계시하는 선물

자연은 하나님의 영광을 보여 줍니다. 시편 19편 1절입니다.

"하늘이 하나님의 영광을 선포하고 궁창이 그의 손으로 하신 일을 나타내는도다."

자연의 모든 부분이 아름답고 위대하지만 시편 기자는 특히 변화무쌍한 저 하늘과 무한대로 펼쳐진 광막한 공간(Space)을 주목합니다. 그리고 그 하늘이 하나님의 영광을 선포하고 그 공간이 하나님의 손으로 하신 일, 즉 그의 섭리의 오묘함을 증명한다고 말합니다. 그래서 일찍이 종교개혁자 존 칼빈(John Calvin)은 자연을 "하나님의 영광의 극장"(The Theatre of God's Glory)이라고 말한 바 있습니다. 로마서 1장 20절의 바울의 증언을 들어 보십시오. "창세로부터 그의 보이지 아니하는 것들 곧 그의 영원하신 능력과 신성이 그가 만드신 만물에 분명히 보여 알려졌나니. 그러므로 그들이 핑계하지 못할지니라." 만물 곧 자연은 하나님의 능력과 신성을 드러내는 영광의 증언이라는 말입니다. 물론 자연도 인간의 타락에 영향을 받아 완벽하진 않지만, 그럼에도 불구하고 자연이 아직도 하나님의 영광을 보여 주는 신의 극장임은 틀림없습니다.

그래서 한 신학자는 "자연을 거울처럼 바라보는 사람이 있는가 하면 자연을 창처럼 바라보는 사람이 있다"라고 했습니다. 자연 속에서 자신의 외로움이나 확인하고 눈물짓는 사람은 자연을 거울처럼만 바라보는 사람입니다. 거울에는 자기 자신만 나타납니다. "가을이야 낙엽은 지고 … 사랑이야 낙엽이 지듯 덧없이 떠나가지만 …"(《가을이야》 작사 작곡 봄여름가을겨울), "눈이 나리네 외로운 창가 … 하염없이 눈이 나리네 … 그대는 떠나고 …"(《눈이 나리네》 작사 작곡 길옥윤). 그러나 자연을 창처럼 바라보는 사람들이 있습니다. 창을 보면 저 건너편이 보입니다. 자연의 창을 통해 자연을 지으신 위대하신 하나님을 바라보는 것입니다. 그들은 이런 노래를 부릅니다. "주 하나님 지으신 모든 세계 내 마음속에 그리어 볼 때 / 하늘의 별 울려 퍼지는 뇌성 주님의 권능 우주에 찼네 / 주님의 높고 위대하심을 내 영혼이 찬양하네 …."

스웨덴의 정치가요 목사였던 칼 보베리(Carl Boberg)가 시골길을 여행하다가 폭우를 맞게 되었습니다. 그런데 잠시 후 이 소낙비가 멎으며 태양이 빛나고 나뭇잎이 반짝이며 새들이 노래하기 시작하자 그는 펜을 들어 작사를 시작합니다. 그리고 익숙한 스웨덴 민요 가락에 맞추어 흥얼거리기 시작합니다. 이렇게 해서 태어난 찬송이 새찬송가 79장 〈주 하나님 지으신 모든 세계〉(작사 칼 보베리)입니다. 찬송가 〈참 아름다워라〉의 2절도 동일한 진리를 드러내지 않았습니까. "참 아름다워라 주님의 세계는 / 저 아침 해와 저녁놀 밤하늘 빛난 별 / 망망한 바다와 늘 푸른 봉우리 / 다 주 하나님 영광을 잘 드러내도다." 그렇습니다. 자연은 하나님의 영광을 계시하는 선물입니다.

 하나님의 메시지를 전달하는 선물

자연은 하나님의 메시지를 전달합니다. 시편 19편 2절을 보겠습니다.

"날은 날에게 말하고 밤은 밤에게 지식을 전하니."

낮은 낮대로 밤은 밤대로 우리에게 말씀과 지식을 전한다는 것입니다. 자연은 위대한 교사요 커뮤니케이터인 것입니다. 물론 우리는 그 메시지를 인간이 서로 나누는 대화처럼 들을 수는 없습니다. 이어지는 3절 말씀이 그것을 설명합니다.

"언어도 없고 말씀도 없으며 들리는 소리도 없으나."

그러나 여전히 거기에는 메시지가 있어 소통한다는 것입니다. 4절 말씀은 그것을 "그의 소리가 온 땅에 통하고 그의 말씀이 세상 끝까지 이르도다"라고 표현합니다. 〈참 아름다워라〉의 3절이 그 것을 증언하지 않았습니까? "참 아름다워라 주님의 세계는 / 저 산 에 부는 바람과 잔잔한 시냇물 / 그 소리 가운데 주 음성 들리니 / 주 하나님의 큰 뜻을 나 알 듯하도다."

엘리야는 호렙산에서 세미한 소리를 통해 오랜만에 하나님의 음성을 듣고 영적 침체에서 벗어나지 않았습니까? 19세기 중반 하 버드대학교에서 공부한 헨리 데이비드 소로(Henry David Thoreau)는 하버드가 가르쳐 주지 못한 메시지를 찾기 위하여 미국 매사추세 츠주 콩코드에 위치한 월든의 호수와 숲속으로 들어갑니다. 그는 그곳에 오두막집을 짓고 2년 2개월간 자연만을 독대하며 홀로 시 간을 보낸 후 자연주의 철학과 미학을 대표하는 불후의 명작《월 든》을 내놓습니다. 이 책에서 그는 이런 시를 남깁니다.

"여기 전에 알지 못하던 / 어떤 분명하고 성스러운 약이 있어 / 오직 감각뿐이던 내게 분별력이 생겨 / 신이 그러하듯 난 사려 깊 고 신중해진다 / 전에는 귀로 듣지 못하던 것 / 눈으로 보지 못하 던 것이 / 이제는 들리고 보인다 / 세월을 살던 내가 순간을 알고

/ 배운 말만 알던 내가 / 이제는 진리를 안다. … 소리 너머의 소리를 듣고 / 빛 너머 빛을 본다 / 태양이 그 빛을 잃을 만큼 ….”

자연은 하나님의 메시지로 가득 차 있는 선물입니다. 들을 귀가 준비되면 우리는 자연을 통해 그의 음성을 언제라도 들을 수 있습니다.

인간 생존의 근원이 되는 선물

자연은 인간 생존의 근원이 됩니다. 시편 19편 5절에서 시편 기자는 다시 자연 중의 가장 위대한 피조물인 태양을 주목합니다. 태양이 하나님의 명을 따라 지구를 보존하고 인간을 보호하는 사명을 수행하는 모습을 주목하는 것입니다.

“해는 그의 신방에서 나오는 신랑과 같고 그의 길을 달리기 기뻐하는 장사 같아서.”

여기 두 가지 비유가 등장합니다. 먼저는 신랑의 비유이고 다음은 장사의 비유입니다. 해의 모습이 방금 결혼하여 신방에서 나오는 신랑과 같다고, 그리고 달리기를 시작하는 준비된 경주자와 같다고 …. 해는 마지못해서가 아닌 기쁨으로 인류를 축복하기 위해 자신의 임무를 수행하고 있다는 것입니다. 그 결과 우리는 생존하고 성숙해 가는 것입니다. 이어서 시편 19편 6절을 보십시오.

"하늘 이 끝에서 나와서 하늘 저 끝까지 운행함이여 그의 열기에서 피할 자가 없도다."

태양의 빛과 온기가 아니라면 이 지구가 어떻게 지탱하며 인간이 어떻게 생존할 수 있었겠습니까?

그런데 그런 자연을 그동안 우리는 어떻게 대접했을까요? 오늘날 우리가 자연의 재앙이라고 말하는 대부분의 현상은 자연을 착취한 결과요 응보인 것입니다. "인간은 자연 보호, 자연은 인간 보호"라는 말은 진리입니다. 그래서 우리는 살아가는 동안 자연의 청지기가 되어야 할 책임이 있습니다. 필그림하우스를 다녀간 세계적인 복음주의 학자인 하워드 스나이더(Howard Snyder) 박사는 "21세기 그리스도인들은 영혼 구원과 함께 생태 구원으로 부르심을 받고 있다"고 말했습니다. 이런 그리스도인들을 '그린 크리스천'(Green Christian)이라고 부릅니다. 우리 중에도 더 많은 그린 크리스천이 일어났으면 좋겠습니다.

그렇습니다. 자연은 인간 생존의 근원이 되는 선물입니다. 우리가 자연을 홀대하면 자연도 우리를 버릴 것입니다. 자연의 주인은 하나님이십니다. 자연의 은총 안에 거하기를 배우는 순간부터 우리는 하나님께 더 가까이 나아가는 법을 배우게 될 것입니다.

2년 2개월의 시간을 자연 속에서 보낸 데이비드 소로는 자신의 자연 칩거를 마무리하기 전 이런 글을 남깁니다. "내가 월든 호수에 사는 것보다 신과 천국에 더 가까이 갈 수는 없었다"고. 그리고 거기서 그는 자연이 가르쳐 준 그대로 사회가 요구하는 인생이 아닌 자기만의 인생을 살겠다고 결심합니다. 그리고 자신의 남은 인생을 숲속에서 발견한 소명에 바치기 위해 월든을 떠나 세상으로 다시 돌아갑니다. 그는 후일 월든의 삶을 회상하며 월든의 자연은 자신에게 생존의 철학뿐 아니라 진정한 성숙을 가르쳤다고 고백합니다.

그의 말을 다시 들어 보십시오. "왜 우리는 그렇게 성공하기 위해 조급하게 굴며 그처럼 무모하게 일을 추진하는 것일까? 만일 어떤 이가 자기의 또래들과 보조를 맞추지 않는다면 아마도 그는 그들과는 다른 고수의 목소리를 듣고 있는 건지도 모른다. 그 박자가 고르거나 또는 늦더라도 그로 하여금 그가 듣는 북소리에 맞추어 걸어가도록 내버려두어라. 그 북소리의 음률이 어떻든 또 그 소리가 얼마나 먼 곳에서 들리든 그가 꼭 사과나무나 떡갈나무와 같은 속도로 성숙해야 한다는 법칙은 없다. 그가 남과 보조를 맞추기 위해 자신의 봄을 여름으로 바꾸어야 한다는 말인가." 사과나무는 사과나무의 길이 있고 떡갈나무는 떡갈나무의 길이 있다는 것, 창조주가 허락한 자기만의 소명의 길을 걸어야 한다는 것을 그는 자연 속에서 깨우친 것입니다.

그는 명문대 출신이면 누구나 쉽게 선택할 수 있는 소위 정형화

된 성공의 길보다 당시 미국에 남아 있는 최대의 사회 모순인 노예 해방을 위해 자신의 남은 삶을 바치기로 결심하고 월든을 떠납니다. 그 후 사회 운동에 헌신하던 그는 감옥살이로 인한 건강 악화 등으로 45세의 젊은 나이에 세상을 떠나며 "후회는 없다"는 말을 남깁니다. 그러나 그가 정의의 실현을 위해 벌인 시민 불복종 운동은 후일 마하트마 간디(Mahatma Gandhi), 그리고 마틴 루터 킹(Martin Luther King) 목사의 무저항 평화 운동에 깊은 영향을 남겼으며 그의 책《월든》은 지금도 수많은 사람들을 일깨우며 성숙시키고 있습니다.

그렇습니다. 자연은 인간 생존의 근원이며 동시에 인간 성숙의 교실입니다. 자연을 주신 하나님을 찬양하십시오. 하나님의 아들 예수님은 제자들과 자연의 길을 걷다가 멈추시며 "들에 핀 백합화를 보라"고, 그리고 "공중에 나는 새를 보라"고 말씀하셨습니다. 자연의 주인 되신 그리스도 안에서 그의 제자로 자라 가는 은혜가 오늘도 함께하시기를 빕니다.

자연은 하나님의 메시지로 가득 차 있는 선물입니다.
들을 귀가 준비되면 우리는 자연을 통해
그의 음성을 언제라도 들을 수 있습니다.

주님은 영원하고도 완벽한 해답을
오늘을 사는 우리에게 주고자 하셨습니다.
바로 부활입니다.

part 2.

은혜로 누리는
선물

11. 내 영혼을 변화시키는 능력

말씀

시편 19:7-14

19세기 말 미국에 M. B. 윌리엄스(M. B. Williams)란 목사가 6천 명 정도의 복음 사역자들이 모이는 보스턴 세계대회에서 설교를 담당하게 되었습니다. 그는 설교 후에 부를 찬송을 생각하다가 그 대회에서 찬양 인도를 맡은 찬양 사역자 찰스 틸만(Charles Tillman)과 상의하게 됩니다. 성경 말씀의 위대성에 대한 설교를 할 예정인데, 어떤 찬송이 좋겠느냐고 물어봤습니다. 틸만이 "목사님이 작사를 하시면 제가 작곡을 하지요"라고 대답했습니다. "제가요?" 성경을 만지작거리던 윌리엄스 목사는 순간 갑자기 자기가 가진 성경이 어머니의 유품이라는 사실이 떠올랐습니다. 사랑하는 어머니가 평생 읽으시던 손때 묻은 그 성경을 펼쳐 공란에 〈나의 어머니의 성경〉이란 제목을 쓰자마자 시상이 떠올라 단 15분 만에 시를 써내려 갔다고 합니다. 3절에 "어머니가 읽으며 눈물 많이 흘린 것 지금까지 내가 기억합니다"라는 대목을 쓰는 순간 가사 위로 그의 눈물방울이 떨어져 글씨가 번져갔다고 합니다. 윌리엄스 목사의 등 너머로 가사를 읽던 찬양 사역자 틸만의 눈에서도 눈물이 흘러내리기 시작합니다. 이렇게 해서 작사자와 작곡가가 눈물로 함께 만들어 낸 세기의 찬양이 탄생합니다. 새찬송가 199장 〈나의 사랑하는 책〉(작사 M. B. 윌리엄스, 작곡 C. D. 틸만)입니다. "나의 사랑하는 책 비록 해어졌으나 / 어머니의 무릎 위에 앉아서 / 재미있게 듣던 말 그때 일을 지금도 / 내가 잊지 않고 기억합니다 / 귀하고 귀하다 / 우리 어머니가 들려주시던 / 재미있게 듣던 말 이 책 중에 있으니 / 이 성경 심히 사랑합니다."

지난 장에서 전했듯 자연이 일반계시라면 성경은 특별계시입니다. 하나님은 일반적인 계시만으로는 알 수 없는 당신의 뜻을 인간이 알 수 있도록 특별한 통로로 전달하실 필요가 있었습니다. 그것이 바로 성경 말씀인 것입니다. 그래서 우리는 성경을 하나님의 특별계시의 책이라고 고백합니다. 자연이 하나님의 큰 책이라면 성경은 하나님의 작은 책이라고 언급했습니다. 그러나 이 작은 특별한 책 안에 하나님은 하나님이 하나님 되심과 인생을 향하신 그분의 위대하신 뜻을 기록하여 우리에게 선물로 주셨습니다. 이 성경이 오늘 시편 19편에는 다양한 명칭으로 등장합니다. '여호와의 율법', '여호와의 교훈', '여호와의 계명', '여호와를 경외하는 도', '여호와의 법'이라고 말입니다. 그렇다면 이 성경 말씀이 어떤 의미에서 오늘의 우리에게 여전히 하나님의 특별한 선물일 수 있을까요?

영혼을 소성시키는 선물

말씀은 우리의 영혼을 소성시킵니다. 7절에서 시편 기자는 "여호와의 율법은 완전하여 영혼을 소성시키며"라고 말합니다. 이 구절은 6절에 이어진 말씀으로 하나님의 말씀인 율법(토라)이 태양의 온기처럼 작용하리라고 가르칩니다. 시냇가 계곡의 풀들이 따사로운 봄 햇살을 받으며 땅에서 돋아나듯 하나님의 완전하신 회복의 말씀은 우리의 죽었던 영혼들을 다시 살려 냅니다. 만물의 중심인 태양은 빛과 열의 원천입니다. 사람들이 말씀을 통해 말씀의 중심 되신 의의 태양 곧 그리스도를 만나면 생명이 잉태되고 생명이 소생하게 됩니다. 여기 '소성'이란 단어는 영어 성경에는 'converting/reviving'이란 단어로서 '돌아옴/다시 살려 냄'으로 번역됩니다. 말씀이 우리를 하나님께 돌이킴으로 다시 우리를 되살려 내는 것입니다. 말씀이 선포되는 곳에서는 죽은 영혼들이 살아나고 병든 영혼들이 치유됩니다. 말씀은 생명을 주는 의로운 해와 같기 때문입니다. 말라기 4장 2절의 약속을 기억하십니까?

"내 이름을 경외하는 너희에게는 공의로운 해가 떠올라서 치료하는 광선을 비추리니 너희가 나가서 외양간에서 나온 송아지같이 뛰리라."

말씀은 신약시대에도 여전히 우리가 거듭나는 방편입니다. "너희가 거듭난 것은 썩어질 씨로 된 것이 아니요 썩지 아니할 씨로된 것이니 살아 있고 항상 있는 하나님의 말씀으로 되었느니라"는 베드로전서 1장 23절을 기억하실 겁니다. 뿐만 아니라 말씀은 거듭난 영혼들을 성장시키는 유일한 젖줄이라고 베드로는 베드로전서 2장 2절에서 계속 증언합니다.

"갓난아기들같이 순전하고 신령한 젖을 사모하라. 이는 그로 말미암아 너희로 구원에 이르도록 자라게 하려 함이라."

멕시코의 한 할머니가 예수 믿고 구원받은 후 말씀을 전하기를 원했지만 문맹이어서 성경을 읽을 수 없었습니다. 이를 놓고 기도하는데 하나님이 지혜를 주셨습니다. 다른 이의 도움을 받아 성경책에서 요한복음 1장 12절, 3장 16절같이 복음의 핵심 구절에 표시를 해놓았습니다. 그런 다음 그녀의 집 앞에 있는 중학교의 점

심시간, 그리고 방과 시간에 맞추어 학교를 방문하여 만나는 학생들에게 도움을 요청합니다. 이 책을 읽고 싶은데 읽을 수 없다고, 학생들에게 읽어 달라고 부탁한 후 해당 구절을 읽은 학생들에게 그 구절의 뜻을 아느냐고 질문하는 방식으로 수많은 학생들의 영혼을 주 앞으로 인도했다는 것입니다. 말씀은 우리의 영혼을 주께 돌이켜 소성시키는 유일한 하나님의 선물입니다.

판단을 지혜롭게 하는 선물

말씀은 우리가 지혜롭게 판단하도록 돕습니다. 인생이란 수많은 선택과 판단으로 만들어지는 결과물입니다. 누군가가 인생이란 영어의 알파벳 B, C, D 세 철자로 모두 나타낼 수 있다고 말했습니다. B는 'Birth', 출생을 D는 'Death', 죽음을 의미합니다. 인생이란 출생에서 죽음까지의 과정입니다. 그런데 그 사이에 C가 있습니다. 이 C는 'Choice' 곧 선택을 의미한다는 것입니다. 출생과 죽음 사이에서 일어나는 수많은 선택, 그것이 곧 인생이란 말입니다. 그러나 문제는 그 선택을 어떻게 바르게 내릴 수 있느냐는 것입니다. 바로 지혜의 문제입니다.

미국인들에게 가장 존경받는 부동의 리더인 대통령 에이브러햄 링컨(Abraham Lincoln)에게 어떤 사람이 와서 물었다고 합니다.

리더십에서 가장 중요한 것이 무엇이냐고. 링컨은 주저하지 않고 '지혜'라고 대답했습니다. 그러자 그는 다시 묻습니다. 그러면 그 지혜를 어떻게 사용해야 하느냐고. 다시 링컨은 '바른 판단'이라고 대답했다고 합니다. 또다시 그가 묻습니다. 그 바른 판단은 어떻게 하느냐고. 그러자 링컨은 또 대답합니다. "틀린 판단도 해 봐야 알지요." 그는 다시 물었습니다. 그러면 바른 판단과 틀린 판단은 어떻게 구별하느냐고. 링컨이 다시 대답합니다. "그것이 바로 지혜이지요." 그는 마지막으로 물었다고 합니다. 그 지혜를 당신은 어디서 얻느냐고. 비로소 링컨은 미소 지으며 대답합니다. "내게 지혜의 원천은 어려서부터 내 어머니께 배운 성경이었습니다."

시편 기자도 동일하게 대답하고 있습니다. 시편 19편 7절에서 여호와의 증거인 말씀은 우둔한 자를 지혜롭게 한다고 말합니다. 그리고 그 결과 8절에서 우리는 여호와의 계명인 이 말씀으로 말미암아 순결해지고 눈이 밝아진다고 했습니다. 눈이 밝아진다는 말이 무슨 의미입니까? 바른 '인사이트'(insight), 곧 바른 판단력이 아니겠습니까. 반대의 경우로 눈이 어두워진 상태를 상상해 보십시오. 그는 무엇보다 방향을 감지하지 못하여 어둠 속에서 방황할 수밖에 없습니다. 우리가 눈이 어두워지는 상황들을 생각해 보십시오. 돈에 눈이 어두워져서, 명예에 눈이 어두워져서, 사랑에 눈이 어두워져서 그릇된 판단을 하지 않습니까? 그래서 우리에게는 밝은 눈, 깨끗한 마음이 필요한 것입니다. 그런데 시편 19편 8-9절은 우리에게 말씀의 역할을 어떻게 알려 주고 있습니까?

"여호와의 교훈은 정직하여 마음을 기쁘게 하고 여호와의 계명은 순결하여 눈을 밝게 하시도다. 여호와를 경외하는 도는 정결하여 영원까지 이르고 여호와의 법도 진실하여 다 의로우니."

그래서 말씀은 우리의 판단을 지혜롭게 하는 하나님의 선물인 것입니다.

허물에서 보호하는 선물

지금까지 우리는 말씀이 제공하는 유익인 '바른 판단'을 살펴보았습니다. 이런 말씀은 궁극적으로 우리를 보호합니다. 시편 19편 11절이 그것을 우리에게 증언합니다.

"또 주의 종이 이것으로 경고를 받고 이것을 지킴으로 상이 크니이다."

'이것으로' 곧 '이 말씀으로' 경고를 받아 우리의 삶을 지키고 결과적으로 상 받는 자리에 선다는 것입니다. 얼마나 큰 축복인지요. 이제 시편 기자는 한 걸음 더 나아가 나도 모르는 사이 저지른 허물이나 고의적인 범죄에서 벗어나는 삶을 살게 해 달라고 기도합니다. 이어서 12-13절입니다.

"자기 허물을 능히 깨달을 자 누구리요. 나를 숨은 허물에서 벗어나게 하소서. 또 주의 종에게 고의로 죄를 짓지 말게 하사 그 죄가 나를 주장하지 못하게 하소서. 그리하면 내가 정직하여 큰 죄과에서 벗어나겠나이다."

일찍이 전도자 무디는 우리가 말씀을 가까이하면 죄가 멀리 달아나고, 반면 우리가 죄를 가까이하면 말씀이 우리에게서 멀어진다고 말했습니다. 나의 영적 건강은 내가 최근에 얼마나 말씀을 가까이 하느냐로 측정할 수 있습니다.

그래서 시편 기자는 이 위대한 말씀 예찬시를 말씀에 대한 사랑과 묵상의 고백으로 마무리하고 있습니다. 먼저 시편 19편 10절을 다시 보십시오.

"금 곧 많은 순금보다 더 사모할 것이며 꿀과 송이꿀보다 더 달도다."

여기 시편 기자는 말씀을 금보다 더 사모하라고 권면합니다. 가끔 우리 주변에서 금에 정신 팔린 사람들을 보시지요? 그보다 말씀에 더욱 정신이 팔려야 한다는 말입니다. 어린아이들이 꿀을 얼마나 좋아하는지요? 옛날 유대 랍비들은 어린아이들이 성경을 사랑하도록 하기 위해 파피루스로 만든 어린이용 두루마리 성경에 꿀을 발라 놓았다고 합니다. 꿀 핥는 재미에 말씀을 가까이하게 한 것입니다. 이런 배경을 생각하며 성경을 다시 읽어 보십시오.

"금 곧 많은 순금보다 더 사모할 것이며 꿀과 송이꿀보다 더 달도다." 이렇게 말씀을 사모해 보셨는지요? 이렇게 말씀을 사모하는 태도는 우리를 마침내 말씀을 묵상하는 자리까지 인도할 것입니다. 그때 우리는 시편 기자와 더불어 이 시편의 마지막 고백(14절)을 함께 드릴 것입니다.

"나의 반석이시요 나의 구속자이신 여호와여 내 입의 말과 마음의 묵상이 주님 앞에 열납되기를 원하나이다."

그런데 여기서 사용된 묵상이라는 단어를 조용히 읊조리는 것만으로 이해해서는 안 됩니다. 영성 신학자 유진 피터슨(Eugene Peterson)의 명저 《이 책을 먹으라》(IVP)에 나오는 내용입니다. 어느 날 자신의 집에서 키우는 사냥개가 사슴 뼈다귀 하나를 발견하고 그 뼈다귀가 하얗게 드러날 때까지 물어뜯고 또 뜯고 다시 그 뼈다귀를 핥고 음미하는 모습을 지켜보다가 갑자기 히브리어 한 단어를 연상해 냈다고 합니다. 그 단어가 바로 시편에서 묵상을 의미할 때 사용된 '하가'(Hagah, hagig)라는 단어였습니다. 그런데 유진 피터슨은 동일한 단어 '하가'가 이사야 31장 4절에도 사용되었음을 발견하게 됩니다. "여호와께서 이같이 내게 이르시되 큰 사자나 젊은 사자가 자기의 먹이를 움키고 으르렁거릴 때에…" 여기 '으르렁거린다'는 단어 또한 '하가'입니다. 굶주린 사자가 으르렁거리며 자기 먹이를 삼키고 물어뜯고 음미하듯 말씀을 취하고 말씀을 내 것으로 삼는 과정이 바로 묵상이라는 것입니다.

만일 우리가 이렇게 기뻐하고 흥분하면서 말씀을 우리 것으로 날마다 취하고 산다면 우리의 삶은 얼마나 달라질 수 있을까요? 죄와 허물이 과연 우리 곁에 접근할 수 있을까요? 그때 비로소 우리는 이 말씀이 우리를 모든 죄와 허물에서 지키는 하나님의 선물임을 고백하게 될 것입니다. 우리는 그때 얼마나 강건하며 얼마나 생명으로 가득한 노래를 부르며 살게 될까요? 이 시편 19편(머리말에 나오듯)이 원래는 노래였음을 잊지 말아야 합니다. 하나님의 생명의 말씀, 거룩한 토라가 내 마음에 임한 그 행복을 간직하며 우리 모두 옛 복음성가 〈나의 입술의 모든 말과〉(작사 작곡 이정)를 함께 불러 보고 싶습니다.

"나의 입술의 모든 말과 나의 마음의 묵상이 / 주께 열납되기를 원하네 / 생명이 되신 주 / 반석이 되신 주 / 나의 입술의 모든 말과 나의 마음의 묵상이 / 주께 열납되기를 원하네."

12. 주님을 의식하며 행하는 소명

직업

창세기 2:15, 골로새서 3:22-25

한동안 비즈니스 유머로 '직업별로 싫어하는 사람' 시리즈가 있었습니다. 예컨대 의사가 싫어하는 사람은 "앓느니 죽겠다는 사람", 의사 중에도 산부인과 의사가 제일 싫어하는 사람은 "무자식이 상팔자라는 사람", 성형외과 의사가 제일 싫어하는 사람은 "생긴 대로 살겠다는 사람", 한의사가 제일 싫어하는 사람은 "밥이 보약이라는 사람", 치과의사가 제일 싫어하는 사람은 "이가 없으면 잇몸으로 씹겠다는 사람"입니다. 변호사가 제일 싫어하는 사람은 "법 없어도 살 수 있는 사람", 학교 교사가 제일 싫어하는 사람은 "하나를 가르치면 열을 아는 사람", 여행업자가 제일 싫어하는 사람은 "집 나가면 고생이라는 사람", 산악인들이 제일 싫어하는 사람은 "내려올 걸 뭐하려고 올라가느냐고 하는 사람", 골프공 제조업자가 제일 싫어하는 사람은 "공 하나로 라운딩 끝냈다는 사람"입니다. 이분들이 어느 날 한자리에 모여 직업상의 애환을 나누고 내린 결론은 "이러다가 굶어 죽겠다, 직업을 바꿔야겠다"는 것이었습니다. 그러나 직업을 바꾸는 것이 쉬운 일이겠습니까?

예로부터 우리는 천직이라는 말을 사용해 왔습니다. 이 말은 매우 성경적입니다. 본래 직업을 영어로 'vocation'이라고 하는데 이 단어는 라틴어 '보카티오'에서 나온 말로, '부르다, 소집하다'(call, summon)라는 뜻입니다. 직업은 하늘의 소명이라는 말입니다. 하나님께서 태초에 첫 사람 아담을 지으시고 그에게 맡기신 첫 과제가 창세기 2장 15절에 기록되어 있습니다.

"여호와 하나님이 그 사람을 이끌어 에덴동산에 두어 그것을 경작하며 지키게 하시고."

흔히 노동은 아담과 하와가 범죄한 결과라는 편견이 오랫동안 교회 내에 존재하였습니다. 그러나 노동은 인간 타락 이전에도 있었습니다. 타락으로 인해 노동이 시작된 것이 아니라, 즐거운 노동이 괴로운 노동으로 전락한 것입니다. 여기 경작한다는 뜻의 히브리어 '아바드'를 어떤 영어 번역에서는 'work' 대신 'cultivate'로 번역하기도 했습니다. 이 단어 'cultivate'에서 'culture', 곧 '문화'라는 말이 유래한 것입니다. 직업은 즐거운 문화 창조의 소명이며, 하나님의 뜻을 이루도록 허락된 선물입니다. 그렇다면 하나님의 선물인 직업을 통해 어떻게 하나님의 뜻을 실현할 수 있을까요? 우리는 그 대답을 바울 사도가 1세기 소아시아 골로새 교회에 전달한 편지를 통해 얻고자 합니다. 우리의 직업이 하늘의 소명이 되기 위해 가져야 할 관점은 무엇입니까?

모든 직업은 하나님의 일이다

우리는 직업의 모든 영역을 주의 일로 생각해야 합니다. '주의 일' 하면 무엇이 제일 먼저 떠오르나요? 교회 나와서 예배하는 일, 성경 공부하는 일, 전도하는 일, 선교하는 일, 아니면 교회가 주관하는 사회봉사를 생각할 수 있습니다. 그런데 직장에서 맡은 직무를 주의 일이라고 생각해 보았는지요? 전업주부들은 가정에서 아이들과 씨름하는 육아 노동을 주의 일이라고 생각한 일이 있는지요? 이렇게 교회와 관련된 일은 거룩한 일, 주의 일이지만 일상이나 직업과 관련된 일들은 세속적인 일이라고 생각하는 경향을 신학에서는 이원론적 사고라고 말합니다. 오늘 한국 교회가 여러 가지 도덕적 위기에 직면해 있고 사회적 신뢰를 상실하고 있는 것이 사실입니다. 그러나 저는 개인적으로 한국 교회가 반드시 극복해야 할 문제가 바로 이 이원론적 사고라고 생각합니다. 한국 교회가 놀라운 부흥을 경험하고도 오늘날 사회에서 지탄의 대상이 되는 이유는 무엇입니까? 우리가 교회 내 소위 주의 일에는 열중하면서도 가정과 직장 그리고 사업장에서는 불신자들과 전혀 다르지 않고 이웃들에게 아무런 모범이 되지 못하고 있기 때문입니다. 그런데 성경은 어떻게 가르치고 있습니까?

골로새서 3장 23절과 24절을 읽어 보십시오. 우선 성경은 우리가 열중해야 할 주의 일이 따로 구별되어 있다고 가르치지 않습니다. 23절에서는 무슨 일을 하든지 마음을 다하여 주께 하듯 하라고 권합니다. 그리고 다음 절인 24절은 우리가 이런 일로 주 그리스도를 섬긴다고 가르칩니다. 바로 우리의 일상 속 일터가 바로 주님을 섬기는 장이라는 것입니다. 마침 오늘의 본문인 골로새서 전체의 주제가 '그리스도의 주권'임을 우리는 기억할 필요가 있습니다. 그리스도가 우리를 창조하시고 섭리하시며 부르신다면 우리 직업의 모든 영역에서 그리스도가 주인이 되셔야 한다는 것입니다.

일찍이 네덜란드의 명수상이요 탁월한 신학자였던 아브라함 카이퍼(Abraham Kuyper)는 이것을 '영역 주권'(sphere sovereignty)이라고 말했습니다. 그의 말을 직접 읽어 보십시오. "만물의 주권자이신 그리스도에게 속한 인간 존재의 영역에서 그리스도가 당신의 소유라고 주장하지 않을 영역은 한 치도 존재하지 않는다." 그는 교회의 주인이실 뿐 아니라 정치, 경제, 문화, 체육, 의학, 과학, 무역 등 모든 영역의 주인이시라는 사실입니다. 그러므로 그리스도인은 삶의 모든 영역에서 그리스도의 주인 됨을 드러내야 하며 특별히 직장에서 하나님의 공의와 사랑이 실현되도록 일해야 합니다. 그렇다면 우리는 교회에 나와 기도할 때만 '주여!'라고 외칠 것이 아니라, 가정에서 빨래하다가도 '주여!', 직장에서 일하다가도 그분의 지혜가 필요할 때마다 '주여!'라고 불러야 합니다. 그리하여 그분이 우리 삶의 모든 영역에서 실제로 주인이 되셔야 한다는 것입니다. 그때 우리가 감당하는 모든 일은 주의 일이 됩니다.

사람 아닌 하나님을 의식하며 일하다

우리는 사람이 아닌 하나님만을 의식하며 일할 수 있어야 합니다. 우리가 어떤 일을 수행할 때 일을 망치는 여러 가지 원인 중 하나가 해당 업무를 감독하는 주인 혹은 상사를 지나치게 의식하기 때문입니다. 그래서 성경은 사람을 기쁘게 하려는 동기로 일해서는 안 된다고 가르칩니다. 골로새서 3장 22절을 보겠습니다.

"종들아 모든 일에 육신의 상전들에게 순종하되 사람을 기쁘게 하는 자와 같이 눈가림만 하지 말고 오직 주를 두려워하여 성실한 마음으로 하라."

여기 '눈가림'이란 말을 성경에서는 'eye-service'(KJV)라고 번역하고 있습니다. 주인이 지켜보면 일하는 척하고 주인이 사라지면 일에서 손을 놓고 있는 모습, 곧 주인의 눈치만 보면서 기회주의적으로 처신하는 행태를 지적하는 것입니다. 우리는 이런 태도를 노예근성 혹은 노예 의식이라고 말합니다. 그런데 성경은 사람을 기쁘게 하기 위해서가 아니라 보이지 않지만 어디나 계시는 주님을 의식하고 일해야 한다고 가르칩니다.

그렇습니다. 성경적인 주인의식은 우리가 어디서 무엇을 하든지 이곳에 계시고 나를 보시는 주님을 의식하며 그분 앞에서 일하는 것입니다. 이것을 종교개혁자들은 '코람데오'(Coram Deo), 곧 '하나님(Deo) 앞에서(Coram)'라고 고백합니다. 창세기 17장 1절에 보면 하나님께서 믿음의 조상 아브라함에게 나타나 "너는 내 앞에서 행하라"고 말씀하십니다. 다시 본문의 맥락으로 돌아와 생각해 보면 바울 사도는 이런 주인의식이 비단 직장의 피고용인뿐 아니라 고용인에게도 필요하다고 말합니다. 골로새서 4장 1절을 보십시오.

"상전들아 의와 공평을 종들에게 베풀지니 너희에게도 하늘에 상전이 계심을 알지어다."

저는 그래서 신학자 아브라함 카이퍼가 말한 '영역 주권 의식'을 그냥 쉬운 말로 '성경적 주인의식'이라고 말하고 싶습니다. 우리는 모두 하늘에 계신 진짜 주인을 의식하고 그분 앞에서 일하고 살아야 한다는 것입니다. 그때 비로소 우리는 인간적 노예 의식에서 해방되어 모든 상황, 모든 일터에서 최선을 다하는 직업관을 갖고 살게 될 것입니다.

그리고 우리가 이런 직업관을 수용한 증거는 무엇보다 우리의 일터에서 성실성으로 증명되어야 한다고 믿습니다. 저는 때로 불신자들이 신자들보다 더 일을 잘할 가능성이 상존한다고 믿습니다. 그러나 우리가 진정한 그리스도인들이라면 바로 성실성이라는 삶의 태도만큼은 불신자들에게 지지 말아야 한다고 믿습니다. 그것이 이미 바울이 골로새서 3장 22절에서 지적한 "오직 주를 두려워하여 성실한 마음으로 하라"는 의미라고 믿습니다. 여기 '성실한 마음'이란 단어는 헬라어 '하플로테티 테스 카르디아스', 곧 '나뉘지 않은 마음', '집중하는 마음'으로, 영어로 표현하면 'single heart'를 뜻합니다. 이 일이 주께서 내게 맡기신 일이며 내가 주님이 보시는 앞에서 일한다고 생각한다면, 당연히 그 일을 전력과 최선을 다해 수행하지 않겠습니까? 장인 미켈란젤로(Michelangelo)가 바티칸의 유명한 시스티나 성당 천장 벽화 〈천지창조〉를 작업하고 있었을 때 바티칸 관리였던 친구가 아무도 보지 않는데 그렇게까지 공을 들여 일할 필요가 있는지 물었습니다. 그때 그는 천장을 가리키며 "저 분이 보고 계시지 않은가"라고 대답했다고 합니다. 이것이 바로 직업이 하나님의 선물임을 믿는 그리스도인들의 직업의식이 아니겠습니까?

주님이 주실 상급만을 기대하며 일하기

주님께 받을 상급만 기대하며 일할 수 있어야 합니다. 우리가 종종 우리의 일터에서 최선을 다하려고 하면 김을 빼는 동료들이 있습니다. "자네, 그렇게 일한다고 누가 알아주나, 월급이라도 올라가나?" 한 번쯤 들어 보신 말이지요? 성경의 대답을 들어 보시기 바랍니다. 골로새서 3장 24절입니다.

"이는 기업의 상을 주께 받을 줄 아나니 너희는 주 그리스도를 섬기느니라."

상을 누가 주신다고요? 예, 맞습니다. 주님이십니다. 이것을 참으로 믿는다면 오늘날 우리 직업의 마당에서 우리의 삶의 태도는 얼마나 달라질까요? 사람이 알아주든 알아주지 않든 궁극적인 평가는 주께 맡기고 주가 주실 상급만을 믿고 일하는 사람들, 이런 직업인들이 정말 많아져야 할 때가 아닌가요? 최근 우리 사회 최대의 화두는 청년 실업 대란 사태입니다. 김난도 교수의 공동 저

작 《김난도의 내일》(오우아)이 베스트셀러가 된 이유도 우리 사회의 트렌드와 무관하지 않다고 생각합니다. 세계 청년들이 극심한 실업률과 경기침체로 취업을 포기하고 있다고 합니다. 국제노동기구(ILO)에서는 2020년 통계에서 세계 청년 중 2억 8200만 명이 무직 상태에서 취업을 위한 활동을 아무것도 하지 않는다고 발표했습니다. 그러나 저는 이런 때야말로 청년들부터 발상의 전환이 필요하다고 믿습니다.

사실 청년들의 실업 문제가 이렇게 심각하지만 중소기업은 오히려 일할 사람을 구하지 못하는 역설적인 현상이 전개되고 있지 않습니까? 왜 그렇습니까? 세상이 인정하는 안정된 직장에 매달리기 때문입니다. 이 직장이 과연 하나님이 부르시는 곳인지 생각하고 믿음의 조상 아브라함처럼 갈 바를 알지 못하나 상 주시는 하나님을 믿고 나아가는 믿음의 직업인들이 일어난다면 우리나라 직업 전선에 어떤 변화가 있을까요?

거창고등학교는 한국 사학 역사상 진정한 의미에서 개척 정신과 도전 정신을 고취한 기독교 명문 사학입니다. 그곳의 설립자 고(故) 전영창 선생은 졸업생들을 위한 소위 졸업 10계명을 제창했습니다. 바로 거창고등학교의 직업선택 10계명입니다. 들어 보셨습니까?

1) 월급이 적은 쪽을 택하라.

2) 내가 원하는 곳이 아니라, 나를 필요로 하는 곳을 택하라.

3) 승진의 기회가 거의 없는 곳을 택하라.

4) 모든 조건이 갖추어진 곳을 피하고 처음부터 시작해야 하는 황무지를 택하라.

5) 앞을 다투어 모여드는 곳은 절대 가지 마라. 아무도 가지 않는 곳으로 가라.

6) 장래성이 전혀 없다고 생각되는 곳으로 가라.

7) 사회적 존경 같은 것을 바라볼 수 없는 곳으로 가라.

8) 한가운데가 아니라, 가장자리로 가라.

9) 부모나 아내나 약혼자가 결사반대하는 곳이면 틀림없다. 의심치 말고 가라.

10) 왕관이 아니라, 단두대가 기다리고 있는 곳으로 가라.

저는 이런 직업 정신을 한마디로 십자가 정신이라고 말하고 싶습니다. 자신을 죽음의 자리에 던짐으로 하나님의 상급으로 허락된 부활의 영광을 취하는 자리, 이런 자리에 서는 이들이 많아지는 사회, 그곳에 예비된 상급이 바로 믿음의 땅, 약속의 땅이라고 믿습니다. 누가 오늘 이 하늘의 부름에 응답하겠습니까?

13. 사랑을 경험하는 통로

기도

누가복음 11:9-13

헨리 루스(Henry Luce)는 1898년 중국 장로교 선교사의 아들로, 중국에서 태어났습니다. 그는 영어를 배우기 전에 먼저 중국어를 배웠던 소년이었습니다. 15세에 아버지의 나라 미국에 돌아와 공부를 시작한 그는 미국인들이 세상을 너무나 모르고 또한 세상은 미국을 너무나 모른다고 생각했습니다. 그가 예일대학교 학생이 되었을 때 그는 미국인과 세상을 계몽하고 그들이 함께 세상을 바라볼 창을 열어 주며 세계의 사람들에게 미국인들의 생각을 이해시키기 위한 언론이 필요하다고 느껴 저널리즘을 공부하게 됩니다. 졸업 후 아버지 선교사에게 편지를 보내 학교 시절부터 어울렸던 친구와 더불어 본격적으로 주간 잡지사를 시작하겠다고 기도 지원을 부탁합니다. 이미 은퇴한 선교사였던 아버지는 잡지 출판을 위해 600달러를 동봉하면서, 자신이 지원하는 600달러는 비록 작은 금액이지만 그보다 훨씬 더 많은 중보기도를 할 테니 잘해 보라고 격려했습니다. 이렇게 해서 태어난 잡지가 유명한 〈타임〉(TIME)지입니다. 아버지와 아들의 기도가 함께 만나 이루어 낸 작품, 그것이 바로 〈타임〉지의 유래입니다.

찰스 스펄전은 "성경은 우리가 항상 설교해야 한다고 말하지 않지만 항상 기도해야 한다고 말한다"고 기도를 강조했습니다. 그는 또한 "기도하지 않고 성공했으면 성공한 그것 때문에 망한다"고 경고했습니다. E. M. 바운즈(E. M. Bounds)는 "기도의 실패자가 바로 삶의 실패자"라고 말합니다. 종교 개혁자 마르틴 루터(Martin Luther)는 "잘 기도하는 자는 잘 배운 자요, 많이 기도하는 자는 많이 배운 자"라고 했습니다. 또 다른 위대한 개혁자 존 칼빈은 "어려운 환경에서 기도하고 싶은 마음마저 없다면 우리는 짐승만도 못한 자이다"라고 말합니다. 선교학자 패트릭 존스톤(Patrick Johnstone)은 "내가 일하면 내가 일하는 것이지만, 내가 기도하면 하나님께서 일하신다"고 말합니다. 중국 내지 개척 선교사 허드슨 테일러(Hudson Taylor)는 "모든 것을 하나님께 기도로 가져갈 수 있다는 것, 실로 우리에게 놀라운 특권이 아닌가"라고 말합니다. 실로 기도는 하나님의 선물 중의 선물입니다. 누가복음 11장에서 예수께서 제자들에게 기도를 가르치는 장면을 통해 주님은 하나님의 선물인 기도의 본질을 가르치십니다. 기도의 본질, 무엇일까요?

하나님과 관계 맺는 방편

기도란 하나님과 관계를 맺는 방편입니다. 누가복음 11장 9절을 먼저 보겠습니다.

"내가 또 너희에게 이르노니 구하라 그러면 너희에게 주실 것이요 찾으라 그러면 찾아낼 것이요 문을 두드리라 그러면 너희에게 열릴 것이니."

여기 '구하라', '찾으라', '문을 두드리라'는 이 세 개의 명령 동사는 모두 한 번만 행동하라는 의미가 아니라 계속하라는 현재 진행형 습관을 강조하는 의미입니다. 영어로 말하면 'ask'가 아닌 'keep on asking', 'seek'가 아닌 'keep on seeking', 'knock'가 아닌 'keep on knocking'의 의미를 갖습니다. 그러면 왜 주님은 한 번 구할 때 즉각 들어주시지 않고 계속 구하게 하셨을까요? 그것은 주께서 우리에게 원하시는 관계가 우리가 무엇을 구하기만 하면 그때마다 필요한 것을 공급하시는 거래 관계가 아니라, 기도로 세우는 인격적 관계이기 때문입니다. 계속 구하고 계속 찾고 계속 문을 두드리면서 하나님과 관계를 쌓아 가는 과정이야말로 기도의 응답 자체보다 더 큰 의미가 있는 것입니다.

그래서 예로부터 영성가들은 기도를 '하나님과의 우정'(Friendship with God)이라는 표현을 사용해 왔습니다. 친구는 거래 관계가 아니지 않습니까? 물론 친구에게 무엇을 구하여 얻을 수도 있지만 그것은 우정을 나누는 과정에서 자연스럽게 일어날 수 있는 현상이지 그와 관계를 유지하는 목적이라고 할 수 없습니다. 기도의 본질이 우정이고 관계임을 잘 나타내는 유명한 사건을 다시 소개하고 싶습니다. 이야기는 1490년대로 올라갑니다. 독일에 가난하고 젊은 두 화가 친구가 있었습니다. 한 사람은 알브레히트 뒤러(Albrecht Durer), 또 한 사람은 프란츠 닉슈타인(Franz Knigstein)이었습니다. 두 사람은 가난했으므로 생계를 위해 일하면서 틈나는 대로 화가의 훈련을 받아야 했습니다. 그러나 육체노동이 너무 고단해 둘 다 그림 공부를 충분히 할 수 없었습니다. 그래서 둘 중 하나가 생계를 전담하는 동안 다른 한 사람이 그림 수업을 받자고 의논하여 제비뽑기를 합니다. 알브레히트가 제비뽑기에 뽑혀 먼저 미술 공부를 하러 떠나고 프란츠는 일을 두 배로 하면서 친구를 돕게 됩니다. 알브레히트가 어느 정도 화가로 자리 잡게 되자 그는 이제 친구를 돕기 위해 고향으로 돌아옵니다. 그때 알브레히트는 우연히 친구 프란츠가 무릎을 꿇고 두 손 모아 기도하는 광경을 목격하게 됩니다. "하나님, 제 손은 이미 망가져서 그림을 그릴 수가 없사오니 제 친구를 저 대신 위대한 화가로 만들어 주십시오." 상처가 가득한 두 손을 모아 기도하는 친구의 모습을 포착한 알브레히트 뒤러는 화필을 꺼내 이 감동적인 장면을 스케치합니다. 그래서 태어난 세계적인 작품이 바로 〈기도하는 손〉이지요. 최근에 이러한 이야기에 회의를 보이는 연구도 있지만, 두 친구가 보인 기도의 우정만은 기억되어야 합니다. 기도는 단순히 응답을 받기 위한 거래가 아닌 하나님과 우정을 쌓아 가는 과정입니다. 그리고 기도는 그 하나님과 관계를 맺는 방편인 것입니다.

🍃 하나님의 사랑을 경험하는 과정

우리는 기도를 통해 하나님의 사랑을 경험합니다. 누가복음 11장 기도의 장에서 누가는 예수님이 먼저 제자들에게 주기도문을 가르치시게 된 배경을 전달합니다(눅 11:1-4). 이어서 예수님이 강청하는 기도의 중요성을 가르치시고자 밤중에 친구에게 떡을 빌리러 간 이야기(눅 11:5-8)를 전하시는 장면을 보여 줍니다. 그 다음 이어지는 누가복음 11장 9-13절에서 이제는 생선을 달라고 하는 아들 이야기가 등장합니다. 여기서 하나님은 아들의 요구를 들어주는 넉넉한 마음을 가진 아버지로 그려집니다. 이어서 11-12절을 읽어 보십시오.

"너희 중에 아버지 된 자로서 누가 아들이 생선을 달라 하는데 생선 대신에 뱀을 주며 알을 달라 하는데 전갈을 주겠느냐."

친구 관계가 그럴 수가 없다면 아버지와 아들의 관계는 더더욱 거래 관계일 수가 없지요. 아들이 필요한 것을 구하여 얻을 수가 있는 이유는 딱 하나, 그가 아버지에게 사랑받는 아들이기 때문입니다. 자식들의 필요에 대하여 거의 맹목적인 반응을 보이는 부모들에게 왜 그렇게 자식들을 위해 자신을 희생하면서 마음을 쏟아 붓느냐고 물어보십시오. 우리가 들을 수 있는 대답은 딱 하나일 것입니다. "사랑하니까!" 기도는 바로 이런 하나님의 사랑을 경험하는 과정입니다.

《기도: 하나님과의 우정》(IVP)이란 책을 쓴 영성 신학자 제임스 휴스턴(James Houston)은 우리 시대에 기도가 더욱 필요한 이유로 오늘의 시대가 아버지를 상실하고 살고 있음을 지적합니다. 그는 작가 프란츠 카프카(Franz Kafka)의 등장이야말로 우리 시대의 표지라고 말합니다. 카프카는 그의 소설 《성》(The Castle, Das Schloss)에서 아버지를 잃고 살아가는 자신과 이 시대의 사람들을 그려 냅니다. 성에 도달하고 싶지만 도달하지 못하는 주인공 K, 그에게 성은 도달하지 못하면서도 포기하지도 못하는 궁극적인 절대자의 실존이었던 것입니다. 그 성은 신일 수도 있고 아버지일 수도 있습니다. 작가 카프카는 엄격한 아버지 밑에서 자라 아버지의 사랑을 느끼지 못한 자신의 모습을 이 작품에 투사했다고 생각됩니다. 포스트모던 시대를 살아가는 우리 시대의 사람들은 신을 거부해 놓고도 여전히 신을 포기하지 못하는 딜레마를 경험하는 것입니다. 그런데 이런 시대에도 성경은 여전히 하나님이 아버지가 되신다는 복음을 들려 주고 있습니다. 시편 89편 26절을 보십시오.

"주는 나의 아버지시요 나의 하나님이시요 나의 구원의 바위시라."

그런데 기도야말로 이런 아버지의 사랑을 경험하게 하는 구체적인 과정이 된다는 것입니다. 진지하고도 간절한 기도를 통해 우리는 우리를 기다리고 계시다가 달려와 우리를 안아 주시는 아버지를 만나게 됩니다. 기도는 바로 이런 아버지와의 사랑을 체험하는 과정인 것입니다.

하나님의 뜻을 실현하는 통로

우리는 기도를 통해 하나님의 뜻을 실현합니다. 본문에서 예수님은 우리가 기도하면 아버지 하나님께서 좋은 것, 성령을 선물로 주신다고 말씀하십니다. 누가복음 11장 13절입니다.

"너희가 악할지라도 좋은 것을 자식에게 줄 줄 알거든 하물며 너희 하늘 아버지께서 구하는 자에게 성령을 주시지 않겠느냐."

그렇습니다. 진지한 기도로 우리는 성령을 체험하게 됩니다. 저는 여기서 예수께서 성령 체험을 아주 넓은 의미로 사용하신다고 믿습니다. 기도하면 성령께서 즉각 우리의 삶의 마당에 개입하셔서 우리의 삶의 현장에서 구체적인 성령의 인도가 시작됩니다. 그런데 그것이 하나님의 뜻이 실현되는 것과 무슨 관계가 있을까요? 여기서 바울 사도의 도움을 받을 필요가 있습니다. 먼저 로마서 8장 26절을 보겠습니다.

"이와 같이 성령도 우리의 연약함을 도우시나니 우리는 마땅히 기도할 바를 알지 못하나 오직 성령이 말할 수 없는 탄식으로 우리를 위하여 친히 간구하시느니라."

사실 우리가 기도할 때 우리는 정확하게 무엇을 위하여 기도해야 최선일지 모르는 상황이 대부분 아닙니까? 그때 성령이 우리를 위하여 기도해 주시면 얼마나 좋습니까? 그런데 성령이 우리를 위하여 기도할 때 어떤 결과가 생길까요? 이어서 27절을 보겠습니다.

"마음을 살피시는 이가 성령의 생각을 아시나니 이는 성령이 하나님의 뜻대로 성도를 위하여 간구하심이라."

그렇습니다. 성령은 누구보다 하나님의 뜻을 정확하게 알고 계시고 그런 성령이 우리를 위해 기도해 주신다면 하나님의 뜻이 우리를 통해 이루어지지 않겠습니까?

그래서 하나님의 자녀들이 무엇을 기도하든 진지하게 기도한다면 결국은 성령의 도우심으로 우리를 통해 하나님의 뜻이 실현되는 장면을 보게 될 것입니다. 로마서 8장에 나타난 성령에 대한 약속은 우리가 잘 아는 로마서 8장 28절로 연결됩니다.

"우리가 알거니와 하나님을 사랑하는 자 곧 그의 뜻대로 부르심을 입은 자들에게는 모든 것이 합력하여 선을 이루느니라."

그러므로 우리가 기도할 때 우리의 소원이 이루어지지 않아도 낙심할 필요가 없습니다. 우리가 진지하게 기도하기만 하면 성령의 사역을 통해 우리의 소원보다 더 중요한 하나님의 뜻이 이루어집니다. 그렇다면 어떤 경우에도 기도하는 자는 하나님을 찬양할 수 있어야 합니다.

우리 시대에 유행하게 된 어느 무명의 군인의 기도문은 이런 의미를 잘 담고 있습니다. 뉴욕 장애인 회관에 30년간 부착된 기도문으로 알려진 〈난 부탁했다〉(I asked God)를 들어 보십시오.

"나는 신에게 나를 강하게 만들어 달라고 부탁했다. 내가 원하는 모든 걸 이룰 수 있도록. 하지만 신은 나를 약하게 만들었다. 겸손해지는 법을 배울 수 있도록 / 나는 신에게 건강을 부탁했다. 더 큰 일을 할 수 있도록. 하지만 신은 내게 허약함을 주었다. 더 의미 있는 일을 할 수 있도록 / 나는 부자가 되도록 부탁했다. 행복할 수 있도록. 하지만 나는 가난을 선물받았다. 지혜로운 사람이 되도록 / 나는 능력을 달라고 부탁했다. 그래서 사람들의 찬사를 받을 수 있도록. 하지만 난 연약함을 선물받았다. 신의 필요성을 느끼도록. / 나는 삶을 즐기고자 이 모든 것을 부탁했다. 그러나 이 모든 것을 즐기기 위한 삶을 주셨을 뿐이다. / 나는 내가 부탁한 것을 하나도 받지 못했지만 내가 필요한 모든 것을 선물받았다. / 나의 나 된 존재에도 불구하고 신은 내가 기도하지 않은 것까지 들어주셨다. / 모든 사람들 중에서 나는 가장 축복받은 자이다."

그렇습니다. 기도는 단순히 내 뜻, 내 소원을 이루는 수단이 아니라, 하나님의 뜻을 실현하는 통로입니다. 성령께서 그렇게 하십니다. 우리가 진지하게 기도하기만 하면 내게 다가오시는 성령님을 통해 그렇게 이루어집니다. 예수 믿고 기도하며 살 수 있다는 것, 감사하지 않으십니까? 흘러간 복음성가 〈기도할 수 있는데〉(작사 작곡 고광삼)의 가사가 생각나지 않으십니까?

"기도할 수 있는데 왜 걱정하십니까? 기도하면서 왜 염려하십니까? / 기도할 수 있는데 왜 실망하십니까? 기도하면서 왜 방황하십니까? / 주님 앞에 무릎 꿇고 간구해 보세요. 마음을 정결하게 뜻을 다하여 / 기도할 수 있는데 왜 걱정하십니까? 기도하면서 왜 염려하십니까?"

14. 슬픔을 벗고 기쁨을 입는 축복

찬송

이사야 61:1-3

미국에 짐이라는 젊은 그리스도인이 있었습니다. 그의 어머니도 그의 아내도 훌륭한 그리스도인이었습니다. 문제는 그의 아버지였습니다. 아버지는 30년 동안 알코올 중독자였습니다. 짐은 어머니, 아내와 함께 기도하면서 아버지가 예수 믿고 하나님의 치유를 받기를 기다려 왔습니다. 그러나 응답의 징조는 보이지 않았고 아버지로 말미암아 가정에는 늘 우울한 분위기만 감돌고 있었습니다. 그러던 어느 날 짐은 멀린이라는 미군 군목의 설교를 듣게 되었습니다. 그는 우리를 고통스럽게 하는 환경을 변화시켜 달라는 기도보다, 먼저 범사에 감사하고 찬양하라고 권면했습니다. 우리를 괴롭히는 그 상황에도 하나님의 뜻이 있기 때문이라는 것입니다. 그는 이 설교에 감동을 받고 집에 돌아와 아내와 그 은혜를 나누면서 이렇게 제안했다고 합니다.

"여보, 우리 이제부터 아버님이 술 마시는 것을 하나님께 감사하고 찬양합시다. 아버지의 이런 상태도 하나님 계획의 한 부분임을 믿고 주님께 찬양합시다."

그리고 며칠간 아버지가 생각날 때마다 하나님께 계속 찬양을 드렸다고 합니다. 그런데 그다음 주일 저녁 식사 후 아버지가 느닷없이 말을 꺼냈습니다. 자신이 전날 저녁 TV 프로그램에서 한 아편 중독자가 약을 끊고 치유를 받았다는 내용을 시청했는데, 예수 믿으면 과연 그것이 가능할까 궁금하다는 것이었습니다. 그리고 몇 주가 되지 않아 짐의 아버지는 예수님을 영접하고 알코올중독에서 해방되었다고 합니다. 이것이 바로 구주이신 예수님을 향한 찬송의 능력입니다.

이사야 61장 1-3절을 보면 이사야 선지자는 바벨론의 포로가 된 이스라엘 백성에게 선포합니다. 기름 부음 받으신 메시아가 오시는 날, 그의 백성이 슬픔과 근심을 벗고 대신 찬송의 옷을 입고 하나님의 영광을 드러내리라는 것입니다. 그런데 이사야 43장 21절에서는 이렇게 그의 백성이 하나님을 찬송하는 것이야말로 그들이 본래 창조된 목적이라고 말합니다.

"이 백성은 내가 나를 위하여 지었나니 나를 찬송하게 하려 함이니라."

본문과 관련된 이사야 60장 18절에서는 "다시는 강포한 일이 네 땅에 들리지 않을 것이요 황폐와 파멸이 네 국경 안에 다시 없을 것이며 네가 네 성벽을 구원이라, 네 성문을 찬송이라 부를 것이라"고 전하며 회복된 예루살렘의 상태를 '찬송'으로 표현합니다. 그러므로 여기에 나타난 찬송은 하나님의 선물로서, 회복을 향한 사역의 성격을 띤다고 할 수 있습니다. 그렇다면 찬송은 어떤 사역으로 나타날까요?

예수님이 전파되는 '전도 사역'

찬송은 '전도 사역'입니다. 이사야 선지자는 메시아 되신 예수님이 오셔서 맡을 미션이 바로 복음 전도임을 증언합니다. 이사야 61장 1-2절을 보겠습니다.

"주 여호와의 영이 내게 내리셨으니 이는 여호와께서 내게 기름을 부으사 가난한 자에게 아름다운 소식을 전하게 하려 하심이라. 나를 보내사 마음이 상한 자를 고치며 포로된 자에게 자유를, 갇힌 자에게 놓임을 선포하며 여호와의 은혜의 해와 우리 하나님의 보복의 날을 선포하여 모든 슬픈 자를 위로하되."

메시아의 소명은 바로 아름다운 소식을 전하는 것이라고, 마음이 상한 자와 포로, 갇힌 자 들에게 복음을 선포하는 것이라고 말합니다. 그때만 이 복음이 필요했을까요? 지금도 얼마나 많은 사람들이 마음이 상하고 무엇인가에 포로가 되어 자유를 상실한 채 억울하게 갇혀 복음을 기다리고 있을까요? 이런 복음을 아주 효율적으로 전하는 방편이 바로 찬송입니다. 전도하고 싶으면 찬송 하면 됩니다. 찬송에 바로 복음의 메시지가 실려 있는 까닭입니다. 그래서 시편 기자는 시편 96편 2절에서 "여호와께 노래하여 그의 이름을 송축하며 그의 구원을 날마다 전파할지어다"라고 말합니다.

제가 종종 소개하는 전남 신안군 증도의 기적을 생각해 보십시오. 증도는 섬 인구 중 90%가 그리스도인으로서 우리나라에서 복음화율이 가장 높은 곳, 그래서 '천국의 섬'이라는 별명이 붙은 곳입니다. 아주 아름다운 청정 지역, 슬로시티이기도 하고요. 우리는 이 섬의 복음화에 중심이 된 인물이 문준경이라는 한 여성 전도자임을 알고 있습니다. 이 섬에 가서 60년 전의 문준경 전도사님을 기억하는 분들에게 그녀에 대해 무엇이 먼저 생각나느냐고 물으면 이구동성으로 대답합니다. 그녀의 찬송 소리가 지금도 귓전을 맴돌고 있다고 말입니다. 안정환 씨의 회고를 들어 봅니다.

"문 전도사님은 너무 고우셨고 찬양 소리는 꾀꼬리 소리 같아서 그분의 찬양을 들으면 모든 문제가 해결되는 은혜를 받곤 했습니다."

슬픈 일을 만난 집에 가서 그녀는 위로의 찬송을, 기쁜 일을 맞이한 집에 가면 축복의 찬송을, 장례를 치르는 집에서는 소망의 찬송을 부르셨다고 합니다. "예수 사랑하심은 / 성경에서 배웠네 / 우리들은 약하나 / 예수 권세 많도다 / 날 사랑하심 / 날 사랑하심 / 날 사랑하심 / 성경에 쓰였네."

그녀가 애창하던 새찬송가 563장 〈예수 사랑하심은〉(작사 A. B. 워너, 작곡 W. B. 브래드버리)을 들은 섬의 수많은 어린이들이 예수 믿고 구원받아 김준곤, 이만신, 정태기라는 하나님의 종들로 성장했습니다. 정태기 목사님은 문 전도사님이 오시기 전 이 섬의 언어는 욕설이었다고 회상합니다. 그런데 문 전도사님의 찬송은 섬의 언어를 바꾸고 문화를 바꾸고 삶을 바꾸었다고 증언합니다. 찬송은 기독교 신앙의 고유한 전유물입니다. 지금은 타 종교들도 음악을 많이 사용하고 있지만 솔직히 말씀드리면 그것은 기독교 신앙을 모방한 것에 불과합니다. 찬송이 곧 기독교요 기독교의 복음 사역이며, 전도 사역이요 선교 사역입니다.

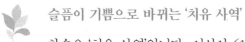

슬픔이 기쁨으로 바뀌는 '치유 사역'

찬송은 '치유 사역'입니다. 이사야 61장 1-3절에 보면 기름 부음 받으신 이, 메시아의 사역에서 가장 중요한 본질은 치유임을 알 수 있습니다. 1절에서 그는 마음이 상한 자를 고치시는 분이시며 포로 된 자를 자유롭게 하시는 분이시고 갇힌 자를 해방시키시는 분이십니다. 3절을 보겠습니다.

"무릇 시온에서 슬퍼하는 자에게 화관을 주어 그 재를 대신하며 기쁨의 기름으로 그 슬픔을 대신하며 찬송의 옷으로 그 근심을 대신하시고 그들이 의의 나무 곧 여호와께서 심으신 그 영광을 나타낼 자라 일컬음을 받게 하려 하심이라."

그렇습니다. 슬픔을 기쁨으로 바꾸시고 근심을 찬송으로 바꾸시는 것, 그것이 바로 메시아의 치유 사역의 본질입니다. 성령이 임하시고 그리스도가 삶의 주인이 되셨다는 현저한 증거가 바로 찬송임을 잊지 마십시오.

첫 부분에 소개한 알코올 중독자의 치유에 도움을 준 군목의 이름은 멀린 캐로더스(Merlin R Carothers)입니다. 그는 본래 군대 탈주병이었고 불량 청년이었지만 예수님을 만나 찬송의 놀라운 능력을 경험하면서 다시 군목이 되어 군대 전도자와 설교자로 활동하며 수많은 영혼을 치유하게 됩니다. 그가 쓴 책《감옥생활에서 찬송생활로》와《찬송생활의 권능》(이상 보이스사)은 세계 53개국 언어로 번역되어 전 세계적으로 1700만 부가 팔리면서 수많은 사람들을 치유하는 도구가 되었습니다. 심오한 책이라기보다는 단순한 간증집이지만 우리 시대에 이 책은 위대한 치유의 교과서로 쓰임을 받게 되었습니다.

그가 예수님을 만난 후 그의 생애에 빛이 된 두 개의 성구가 있었습니다. 하나는 "범사에 감사하라. 이것이 그리스도 예수 안에서 너희를 향하신 하나님의 뜻이니라"(살전 5:18)와 또 하나는 "우리가 알거니와 하나님을 사랑하는 자 곧 그의 뜻대로 부르심을 입은 자들에게는 모든 것이 합력하여 선을 이루느니라"(롬 8:28)는 말씀이었습니다. 우리가 이 말씀대로 진실로 모든 것이 합력하여 선을 이루게 된다는 사실을 믿는다면 우리가 감사하지 못할 상황은 아무것도 없다는 것입니다. 그래서 그는 우리가 부끄러워하고 고통스러워하는 것들에 대하여 감사하고 찬송하라고 말하기 시작했습니다. 그는 변화를 기대하는 마음으로 감사하고 찬송하는 것은 바람직하지 않다고 말합니다. 그렇게 된다면 찬송은 거래의 도구로 전락하기 때문입니다. 지금 이 상황에서도 하나님의 주권이 역사하심을 믿고 감사하고 찬양하라는 것입니다. 그랬더니 수많은 사람들에게 치유가 일어나기 시작한 것입니다.

어느 날 장교 후보생이 그를 찾아와 자기 아내가 이혼을 요구하고 있다며 상담을 요청합니다. 멀린 목사는 그에게 그럼 지금 이 자리에서 무릎을 꿇고 아내가 이혼을 청구하는 것에 감사하자고 권합니다. 물론 그로서 이해하기 어려운 요청이었지만 하나님의 주권을 믿는다면 그렇게 할 수 있지 않느냐는 말씀에 설복되어 결국 이런 기도를 드리게 됩니다.

"주님, 아내가 이혼을 청하는 것에 감사를 드립니다. 저는 이해하지 못하지만 범사에 감사하라는 말씀을 따라 감사를 드립니다."

그가 이 기도를 되풀이하는 동안 하나님이 정말 모든 것을 아시고 모든 것을 하실 수 있다면 이 일에도 하나님의 선한 뜻이 있음을 믿게 되자 마음속에 하나님과 아내를 향한 원망이 사라지더랍니다. 그는 그날 밤 아내에게 전화를 받았습니다. 아내는 울면서 말했습니다.

"여보, 전 당신과 이혼하고 싶지 않아요. 저를 용서해 주서요."

이것이 바로 감사함으로 말미암은 치유의 능력, 찬송함으로 말미암은 치유의 능력입니다. 때로 이런 치유의 은혜는 개인뿐 아니라 공동체에도 임할 수 있습니다. 이사야 선지자는 메시아의 영이 임하면 이스라엘 백성이 포로 되었던 옷을 벗고 찬송의 옷을 입고 하나님 앞에 서리라고 예언합니다. 오늘 우리는 동일하신 메시아의 영이 분열된 이 땅 이 민족에게 임하셔서 우리 민족, 우리 교회, 우리 가정을 치유하시기를 기도합시다. 찬송은 치유 사역입니다. 우리가 진정으로 찬송을 시작하면 그런 치유가 일어날 것입니다.

하나님을 높이는 '예배 사역'

찬송은 '예배 사역'입니다. 이사야 61장 3절에서 선지자 이사야는 찬송의 옷을 입은 사람들이 바로 여호와께서 심으신 그 영광을 나타낼 자라고 일컬어진다고 말씀하십니다. 저는 예배란 한마디로 찬송을 심어 하나님의 영광을 거두는 일이라고 정의하고 싶습니다. 오늘날 우리 시대는 찬송의 중요성을 발견하면서 예배를 다른 이름으로 경배와 찬양이라고도 부르게 되었습니다. 찬송을 영어로는 'praise'라고 합니다. 그 말을 더 쉽게 옮기면 칭찬입니다. 하나님을 찬송한다는 말은 하나님을 칭찬하고 높인다는 뜻입니다. 하나님이 이런 찬송을 기뻐하지 않으시겠습니까? 진정한 찬송이 있는 곳에 하나님이 임재하시지 않겠습니까? 히브리서 13장 15절의 말씀을 보십시오.

"그러므로 우리는 예수로 말미암아 항상 찬송의 제사를 하나님께 드리자. 이는 그 이름을 증언하는 입술의 열매니라."

찬송이야말로 예배의 본질입니다. 설교가 말씀을 통해 하나님의 음성을 듣는 것이라면 찬송은 하나님의 존재를 높여 드리고 그를 기쁘시게 하는 것입니다. 찬송의 제사가 없는 곳에서 하나님의 음성을 기대할 수 있겠습니까? 예배에서 설교 이상으로 중요한 것이 찬송입니다. 요한계시록 4-5장은 천국의 예배를 보여 주고 있습니다. 그 예배는 모두 찬송입니다. 거기에는 설교가 없습니다.

주님의 충만한 임재가 있는 곳에 설교가 필요하겠습니까? 찬송만으로도 우리는 하나님을 예배할 수 있습니다.

구약에 가장 희한한 전투 하나가 묘사되어 있습니다. 역대하 20장에 보면 모압과 암몬이 유대를 침공했을 때 하나님은 찬송의 소중함을 알았던 아삽 자손 야하시엘에게 임하셔서 그 전쟁은 그들이 싸울 전쟁이 아니라 당신이 싸울 전쟁이라고 말씀하십니다. 그래서 그들에게 군대 앞에 찬양대를 세워 하나님께 찬양과 감사를 드리라고 말씀하십니다. 이 찬양만으로 적은 무너지고 하나님의 백성은 놀라운 승리를 경험합니다. 하나님이 승리를 주신 것입니다.

어쩌면 우리가 찬송을 배우지 못했기에 우리의 힘만으로 인생의 전쟁터에서 힘든 싸움을 싸우고 있는지 모릅니다. 우리가 찬송하고 감사하기 시작하면 하나님이 대신 싸워 주십니다. 찬송과 감사를 배우는 순간 우리가 깨닫게 되는 놀라운 사실 하나는 인생의 전쟁이 하나님께 속해 있다는 것입니다. 그렇습니다. 우리가 진정한 예배자가 되어 하나님을 찬송하고 하나님께 감사하면 우리의 인생을 주께서 책임져 주실 것입니다. 그러므로 찬송을 선물로 주신 하나님께 감사합시다. 그리고 오늘부터 찬송하는 삶을 살아가는 놀라운 은혜가 임하기를 축복합니다.

15. 사랑으로 종노릇하는 섬김

자유

갈라디아서 5:1, 13

자유라는 단어를 말할 때마다 떠오르는 경구가 있습니다. "자유가 아니면 죽음을 달라"는 말입니다. 미국이 영국의 식민지였을 당시, 영국은 미국이 식민지로 남아 있는 편이 모국과 평화를 유지하며 미국이 발전하는 데 유익하고도 유일한 길이라고 꾸준히 설득했습니다. 그럼에도 불구하고 신대륙 사람들의 권리는 제한된 채 군대가 파견되고 인지세를 위시한 각종 세금이 부과되자 1775년 3월, 버지니아 식민지 회의에서 패트릭 헨리(Patrick Henry)라는 젊은 변호사 출신 의원이 유명한 연설을 하게 됩니다.

"지금 우리는 자유인이 되느냐 노예가 되느냐의 중대한 기로에 서 있습니다. 지난 10년간 우리는 청원도 호소도 항의도 중재 요청도 해보았습니다. 그러나 우리의 호소는 무시당했고 평화에 대한 꿈은 짓밟혔습니다. 우리 중에는 우리가 약하기에 적과 맞설 수 없다고 말하는 사람들이 있습니다. 그러나 하나님이 주신 모든 능력을 사용하면 우리는 결코 약하지 않습니다. 평화를 외치는 분들도 있을 것입니다. 그러나 평화가 달콤하다고 이를 위해 쇠사슬과 노예의 삶을 택할 수 있습니까? 나는 다른 사람들이 어떤 길을 택할지 모릅니다. 그러나 내 견해는 이것입니다. 자유 아니면 죽음을 주십시오."

패트릭 헨리가 이 유명한 연설을 한 지 135년이 지난 후 한반도에서도 비슷한 상황이 벌어지고 있었습니다. 일본의 통치 아래 있는 것이 조선의 발전에 유익하다는 대대적 선전이 일어나 마침내 1910년 8월 한일합방이 이루어집니다. 조선총독부가 설치되어 일제의 식민 수탈 통치가 본격화되자 1919년 3월 1일 서울 파고다 공원을 위시한 전국 9개 지역에서 독립선언서가 선포되고 만세 사건이 일어납니다.

"우리는 여기에 조선이 독립국임과 조선인이 자주 국민임을 선언하노라. 이것을 세계 모든 나라에 알려 인류가 평등하다는 큰 뜻을 밝히며 이것을 또한 자손만대에 알려 겨레가 스스로 존재하는 마땅한 권리를 영원히 누리도록 하노라. … 낡은 시대의 유물인 침략주의와 강권주의에 희생당하여 유사 이래 여러 천년 동안 처음으로 다른 민족에게 억압을 당한 지 10년을 지난지라. 아, 우리의 생존권이 박탈됨이 무릇 얼마이며 정신의 발전이 지장을 입은 일이 얼마이며 겨레의 존엄성이 손상된 일이 얼마인가. … 아, 새 하늘 새 땅이 눈앞에 전개되도다. 힘의 시대가 가고 도의의 시대가 오도다….”

이어 세 가지 공약이 덧붙습니다. “하나, 오늘 우리의 거사는 정의, 인도, 생존, 번영을 찾는 겨레의 요구이니 오직 자유로운 정신을 발휘할 것이고 결코 배타적 감정으로 치닫지 말라. 하나, 마지막 한 사람에 이르기까지, 마지막 한 순간에 다다를 때까지 민족의 올바른 의사를 시원하게 발표하라. 하나, 모든 행동에 앞서 먼저 질서를 존중하여 우리의 주장과 태도가 공명정대하게 하라.”

저는 3·1운동과 이 유명한 독립선언문 하나로 우리 민족이 이미 자유민임을 역사에 증명했다고 믿습니다. 우리는 일찍이 자유의 가치를 알고 일어났던 위대한 민족입니다. 그리고 여기 독립선언문에 서명한 33인 중 16인과 3·1운동을 실제로 전개한 민족 대표 48인 중 절반인 24인이 그리스도인임을 자랑스럽게 생각합니다. 당시 소수였던 이 땅의 그리스도인들이 이 일에 앞장설 수 있었던 원인은 성경을 통해 자유의 가치를 배운 까닭이었습니다. 이제 살펴볼 갈라디아서 5장 1절은 그리스도인의 자유의 대헌장(Magna Carta)으로 불리는 말씀입니다.

"그리스도께서 우리를 자유롭게 하려고 자유를 주셨으니 그러므로 굳건하게 서서 다시는 종의 멍에를 메지 말라."

예수님이 오셔서 우리에게 주신 위대한 선물이 바로 자유라는 것입니다. 이 자유의 진정한 의미는 무엇일까요?

 ## 종의 멍에에서 해방되는 것

우리는 진정한 자유를 통해 종의 멍에에서 해방됩니다. 갈라디아서 5장 1절에서 "자유를 주셨으니… 종의 멍에를 메지 말라"는 말씀은 큰 맥락에서 정치적 멍에나 경제적 멍에를 의미할 수도 있습니다. 우리는 정치적이고 경제적인 멍에에서도 해방이 되어야 합니다. 오늘날 북한 땅을 생각하면 특별히 더욱 그렇습니다. 북한도 3·1운동을 통해 우리 민족이 일제의 식민지에서 벗어나 자유를 얻게 된 것을 기념합니다. 그런데 오늘 그들은 북녘 땅의 백성들에게 정치적 자유를 더욱 제한하고 소수의 특권층을 위해 경제적 수탈을 일삼아 대다수의 국민을 고통과 압제 속에 몰아넣고 있습니다. 북한 인권과 종교에 관한 불편한 진실로 화제가 된 영화 〈신이 보낸 사람〉을 꼭 보았으면 합니다. 이 영화를 본 탈

북민들은 정치적 종교적 억압의 상황이 이보다 더하면 더했지 못하지 않았다고 말합니다. 그러나 오늘 성경이 말하는 자유는 이보다 더 깊은 의미를 갖습니다. 이 자유는 구체적으로 죄로부터의 자유이고, 따라서 종의 멍에를 메지 말라는 말은 죄의 종이 되지 말라는 뜻입니다.

참된 자유는 죄로부터 용서받은 자유입니다. 그 자유를 위해 예수께서 이 땅에 오셨습니다. 기억하십니까? 요한복음 8장 34절에서 예수께서 "죄를 범하는 자마다 죄의 종이라"고 하신 말씀을. 그런데 그는 이어서 요한복음 8장 36절에서 진정한 복음을 들려주십니다.

"그러므로 아들이 너희를 자유롭게 하면 너희가 참으로 자유로우리라."

하나님의 아들이신 예수께서 이 땅에 오시고 십자가에 달리신 이유는 우리의 죄를 대신 짊어지고 우리가 받아야 할 하나님의 진노를 대신 받으시고 죗값을 지불하심으로, 그를 믿는 자들을 용서하시고 더 이상 죄의 종이 아닌 하나님의 자녀로 살게 해 주시기 위함이 아니었습니까? 바울은 로마서 8장 1절에서 이 복음을 "그러므로 이제 그리스도 예수 안에 있는 자에게는 결코 정죄함이 없나니"라고 선언합니다. 이제 더 이상 우리는 죄책감에 시달릴 필요가 없습니다. 당당할 수 있습니다. 진정한 자유, 그것은 죄의 멍에에서 벗어난 자유입니다.

육체의 욕구를 극복하는 것

우리는 진정한 자유를 통해 육체의 욕구를 극복합니다. 우리가 예수 믿고 얻은 이 자유를 지키며 살기 위해서는 갈라디아서 5장 1절을 5장 13절과 반드시 함께 읽어야 합니다.

"형제들아 너희가 자유를 위하여 부르심을 입었으나 그러나 그 자유로 육체의 기회를 삼지 말고."

왜 이런 선언이 첨부되어야 했을까요? 자유가 방종이 된 상황을 이 말씀에서는 육체의 기회라고 말합니다. 자유가 방종이 되는 순간 우리는 다시 죄의 종의 자리로 돌아가기 때문입니다. 영화 〈신이 보낸 사람〉의 첫 장면에서 주인공 철호는 기독교 신앙을 가졌다는 이유로 일급 정치범이 되어 수용소로 끌려갑니다. 그의 아내는 모진 고문 속에서도 자신이 믿는 예수의 이름을 부인하지 않고 순교합니다. 그러나 철호는 신앙을 버리겠다고 고백하고 풀려납니다. 그는 정말 자유로워졌을까요? 아내는 비록 죽었지만 자유인으로 죽었습니다. 그러나 철호는 살아났지만 진정한 자유를 잃었습니다. 그때부터 그는 의식 세계에서 심각한 죄책감과 혼돈을 경험하기 시작합니다.

우리가 흔히 자유에 대해 갖는 가장 보편적이고도 잘못된 이해는, 자유란 육체와 감정을 따라 마음대로 사는 상태라는 생각입니다. 그러나 육체의 편리와 감정의 사치를 따르면 필연적으로 우리는 다시 죄의 늪 속에 빠집니다. 그래서 성경은 우리가 얻은 자유를 육체의 기회로 삼지 말라고 경고하는 것입니다. 그래야 당당하게 살아갈 수 있습니다. 그것이 진정한 자유인의 모습입니다.

일제 시대 그리스도인 시인 윤동주를 붙들고 있었던 고뇌의 본질도 바로 이 진정한 자유에 대한 열망이었다고 생각합니다. "하늘을 우러러 한 점 부끄럼이 없기를 / 잎새에 이는 바람에도 나는 괴로워했다"라고 〈서시〉에서 그는 고백하지 않았습니까.

저는 지난 2014년 소치 동계올림픽 피겨스케이팅 경기에서 김연아 선수가 석연치 않은 판정으로 금메달을 놓친 것이 안타까웠습니다만 김연아 선수의 마지막 인터뷰를 들으면서 속상했던 마음이 깨끗하게 사라졌습니다. "김연아 선수가 자유인이로구나" 하는 생각이 들었기 때문입니다. "저는 할 것을 다하고 보일 것을 다 보여 드렸습니다. 그것으로 저는 만족합니다." 자기는 최선을 다했다는 것 아닙니까? 부끄러울 것이 없다는 것, 아닙니까? 그게 바로 자유인의 고백이지요. 저는 전문가가 아니라 진상은 모릅니다만 만일 심사 과정에서 부정이 있었다면 그날 밤 이후 자유롭지 못한 이들은 그 과정에 연루된 자들이 되었을 것입니다. 자유는 부끄러울 것 없는 당당함입니다. 그러므로 진정한 자유는 우리에게 육체의 기회를 극복하라고, 죄에게 승리하라고 말합니다.

사랑으로 서로 종노릇하는 것

우리는 진정한 자유를 통해 사랑으로 서로 종노릇합니다. 성경 본문에서 바울 사도는 자유의 역설을 마지막에 전달합니다. 이 역설은 모순되어 보이지만 진리를 전합니다. 진정한 자유는 오히려 사랑으로 종노릇해야 한다는 것입니다. 갈라디아서 5장 13절은 "오직 사랑으로 서로 종노릇하라"고 말합니다. 더 쉽게 말하면 "사랑으로 섬기라"는 것입니다. 사실 갈라디아서 전체는 복음으로 자유를 얻었던 갈라디아 성도들이 예수를 믿은 후 다시 율법주의적 신앙으로 회귀하여 참된 자유를 잃어버리는 위험을 경계하기 위해 바울이 쓴 편지입니다. 여기서 바울은 두 가지 유형의 섬김을 비교하고 있습니다. 하나가 율법에 의한 섬김이라면 또 하나는 사랑에 의한 자발적 섬김입니다. 율법에 의한 강요된 섬김은 결국 인간을 노예화하지만 사랑에 의한 자발적 섬김은 오히려 인간을 자유롭게 한다는 것입니다.

전도자 무디의 전기에 실린 일화입니다. 미국 매사추세츠주에서 세계적인 성경연구대회(Bible Conference)가 열렸을 때 영국에서 귀족들이 이 대회에 참석하겠다는 통보가 왔다고 합니다. 문제는 그들에 대한 예우였습니다. 당시만 해도 영국에서는 귀족 손님이 오면 '복도에서 일하는 종'(Hall Servant)들이 대기하다가 밤새 손님들의 구두를 닦아 놓는 풍습이 있었는데, 그런 예우를 제공하는 것에 대해 의견이 분분했습니다. 무디의 참모들은 개최지가 미국이니, 그런 예우를 제공하지 않기로 결론을 내렸습니다. 참모들은 무디에게 그 건에 대한 결론을 보고하면서 무디의 견해를 물었다고 합니다. 무디는 빙그레 웃더니 "기도해 볼 일이지요"라고 대답하더랍니다. 그리고 대회 이튿날 아침, 열 명 가까이 되는 영국 귀족들이 숙소에서 잠을 자고 나와 보니 구두 열 켤레가 모두 깨끗하게 닦여 있었다고 합니다. 물론 무디 목사님이 하신 일이지요. 그것이 바로 예수님이 제자들의 발을 씻어 주신 자유로운 섬김의 정신이 아닐까요?

우리 교회에서 수년 전까지 봉사하시던 현신애 권사님은 남편되신 포항공대 부총장 이정묵 교수께서 별세하자 자녀들이 계신 미국으로 가셨습니다. 현 권사님이 우리 교회에 등록하던 날 저는 그분의 부친 생각이 갑자기 났습니다. 저는 청년 시절 학생운동 단체인 YFC에 소속되어 있었습니다. 그 모임이 수원의 돌집교회라고 부르던 수원장로교회에서 열리곤 했습니다. 교회에서 모임이 있을 때마다 머리가 하얀 할아버지 한 분이, 사람들이 벗어 놓은 신발들을 신발장에 가지런하게 정리하셨습니다. 저는 처음에 그 교회 관리인이 멋진 분이구나 생각했습니다. 나중에 알고 보니 그분은 한국 산림 녹화의 선구자요 세계적인 임학자이신 현신규 박사이셨습니다. 나중에 그분을 알게 되어 어떻게 그런 봉사를 하게 되셨는지 질문을 드렸더니 수줍어 하시며 본인이 교회에 처음 나와서 어떤 봉사를 할까 기도하던 중, 신발 정리가 되어 있지 않은 것을 보고 그것이 자신이 할 일이라고 여겨 감사함으로 섬기기 시작하셨다는 것입니다. 참자유인이 아니신가요? 진정한 자유는 섬김을 위해 오히려 자유를 내려놓고 이웃을 기쁨으로 섬기는 것입니다. 과거사를 아직도 반성하지 않는 일본, 그리고 자유를 억압하는 북한의 상황이 우리를 아프게 하지만 이제 우리는 복수의 길이 아닌 북한과 일본까지 어떻게 섬길지 고민해야 합니다. 진정한 자유가 한반도에서 춤추는 그날을 위해서 말입니다.

〈신이 보낸 사람〉에서 주인공이 마지막 총살형을 앞둔 장면에서 사형대에서 들려오던 복음성가의 가사가 자꾸 생각이 납니다. "철호야, 넌 나를 사랑하느냐? 오, 주님. 주님만이 아십니다."

육체와 성

고린도전서 6:19-20, 7:1-5

역사를 통해 인간의 신체에 대한 관심, 소위 몸에 대한 담론은 과도하게 극단적으로 이원화되어 왔습니다. 우선 고대로 갈수록 몸에 대한 인식은 부정적이었습니다. 고대 그리스의 철학자 플라톤(Plato)은 인간의 신체를 영혼의 감옥이라고 표현했습니다. 신체에 대한 부정적 생각은 아무래도 육체가 부패하기 쉬운 물질로 구성되었기 때문일 것입니다. 단백질 합성체인 이 생명체는 탄생과 소멸, 섭취와 배설의 순환 과정을 통해 결국은 분비물과 배설물로 전락되는 비극을 피할 수 없었기 때문입니다. 모든 생명체가 그런 것처럼 우리의 몸은 신진대사를 멈추는 순간 모든 구성 물질이 부패하면서 가장 보기 흉하고 더럽고 추한 상태를 거쳐 박테리아에 의해 분해되어 흙으로 돌아갑니다. 현대 미술은 고깃덩이로서의 육체, 혹은 배설물의 생산 공장으로서의 신체나 성기를 노골적으로 표현하기에 이르렀습니다. 이런 몸에 대한 부정적 인식은 마침내 몸을 경시하는 풍조로 이어져 살해나 전쟁으로 남의 몸을 아무렇지 않게 파괴하거나 자신의 몸을 자해하는 일이 벌어지기도 했습니다.

이와는 반대로, 고대에서 시작하여 오늘의 시대에 이르기까지 인간의 몸을 이상화하려는 노력 역시 미학과 철학, 예술과 문화 운동을 통해 지속적으로 이어져 왔습니다. 산드로 보티첼리(Sandro Botticelli)의 〈비너스의 탄생〉을 감상하신 일이 있으십니까? 잔 로렌초 베르니니(Gian Lorenzo Bernini)의 〈아폴론과 다프네〉나, 르누아르 (Pierre-Auguste Renoir)의 아름다운 누드화를 감상하신 일이 있으십니까? 몸은 더 이상 억압당해야 할 정신의 감옥이 아니라, 세계를 지각하는 창문이며 주체의 정체성을 대표하는 소중한 마당으로 인식되기에 이르렀습니다. 프로이트(Sigmund Freud)는 우리 몸 안에 감추어진 성의식이야말로 우리의 모든 성취의 동기가 된다고 선언했습니다. 얼굴을 몸의 거울로 믿는 우리 시대에 일어나는 성형 열풍, 보디빌딩, 스포츠 스타들의 상품화, 겨울 스포츠의 꽃 피겨 스케이팅이 보여 주는 몸의 미학, 육체의 건강을 모티브로 한 거대한 산업, 그리고 몸이 곧 권력이 되는 현상, 권력의 성취 등을 관찰해 보십시오. 몸은 이제 경제적, 정치적, 문화적, 과학적 영역을 초월하여 우리 사회 모든 영역에서 과도한 관심의 대상으로 자리 잡고 있습니다. 성경은 육체와 성을 어떻게 생각하고 있을까요? 바울 사도가 당시 첨단 문화가 유입되고 성의 상품화가 촉진되던 도시 고린도를 향해 가르친 교훈을 살펴보고자 합니다. 육체와 성에 대한 성경의 관점, 무엇일까요?

하나님의 거룩한 선물

육체와 성은 하나님의 거룩한 선물입니다. 고린도전서 6장 19절에서 바울 사도는 성도 된 우리의 몸은 성령의 전이라고 말합니다.

"너희 몸은 너희가 하나님께로부터 받은 바 너희 가운데 계신 성령의 전인 줄을 알지 못하느냐."

몸이 성령의 전이란 표현은 몸이 거룩하다는 의미입니다. 이것은 세상이 육체를 아름다운 것이나 추한 것으로 규정하는 것과는 전혀 다른 차원입니다. 사실 이런 관점은 고린도전서 1장의 첫머리 부분에서부터 발견되고 있습니다. 고린도전서 1장 2절을 보겠습니다.

"고린도에 있는 하나님의 교회 곧 그리스도 예수 안에서 거룩하여 지고 성도라 부르심을 받은 자들과 또 각처에서 우리의 주 곧 그들과 우리의 주 되신 예수 그리스도의 이름을 부르는 모든 자들에게."

왜 여기서 바울은 고린도 교인들을 성도라고 부르고 있을까요? 그들의 도덕성이 다른 지역의 그리스도인들보다 탁월해서 그랬을까요? 현실은 정반대였습니다. 지극히 세속화된 육신적인 성도들이 당시의 고린도 교회를 채우고 있었습니다. 그럼에도 그들을 성도라고 부를 수 있었던 것은 그들이 그리스도 예수 안에 있었고 예수를 주인으로 고백하는 사람들이었기 때문입니다. 거룩하신 주님이 그들 안에 거하시기에 거룩하신 주님을 모신 그들이 또한 성도임을 인식해야 한다는 것입니다.

마찬가지 논리로, 그리스도인의 몸을 성전으로 부를 수 있었던 이유는 거룩하신 주님이 그들 안에 거하시기 때문입니다. 사실 성전 건물을 생각해 보면, 그 건물 양식이 다른 건물과 판이하게 달라서 성전으로 불린 것은 아니지 않습니까? 그 안에 거룩하신 분이 임재하기 때문이었습니다. 중요한 것은 건물이나 육체가 아닙니다. 건물은 건물이고 육체는 육체일 따름입니다. 그 안에 누가 거하느냐에 따라 거룩한 여부가 결정되는 것입니다. 거룩하신 분이 거하시기에 그곳은 거룩한 성전이 됩니다. 그리고 무엇보다 그 거룩한 분을 모시고 그분의 뜻을 표현하기 위해 우리에게 육체가 주어졌다면 그 육체는 분명 하나님의 거룩한 선물입니다. 육체의 소중한 한 부분인 성(sex)도 마찬가지입니다. 하나님은 당신의 창조 계획을 이루시기 위해 인생을 남녀로 지으시고 그들이 지어지고 연합했을 때 보시기에 좋다고 평가하셨습니다. 그분은 처음부터 성을 그분의 거룩한 계획 안에 포함시키신 것입니다. 그러므로 육체와 성은 하나님의 거룩한 선물입니다.

자신의 소유가 아닌 선물

육체와 성은 우리 자신의 소유가 아닙니다. 그리스도를 구주와 주님으로 영접한 성도로서 우리의 몸이 성전이라면, 본문의 증언처럼 이제 우리의 몸은 우리의 것이 아닙니다. 그것을 바울 사도는 고린도전서 6장 19절 말미에서 "너희는 너희 자신의 것이 아니라"고 말합니다. 예수가 주인이라면 당연히 그분을 모신우리의 몸은 주인이신 그분의 것이지요. 그러나 바울 사도는 거기에서 멈추지 않습니다. 성도 된 우리의 몸은 하나님의 소유일 뿐아니라 기혼자의 경우 배우자의 것이라고 말합니다. 고린도전서 7장 4절을 보십시오.

"아내는 자기 몸을 주장하지 못하고 오직 그 남편이 하며 남편도 그와 같이 자기 몸을 주장하지 못하고 오직 그 아내가 하나니."

무슨 말입니까? 결혼을 통하여 부부가 한 몸이 되었다면 이제 그 몸은 서로의 것이 되었다는 말입니다. 그리고 이제 부부는 성적 생활을 통해 그것을 증명해야 한다고 가르칩니다.

다시 7장 3절을 보십시오.

"남편은 그 아내에 대한 의무를 다하고 아내도 그 남편에게 그렇게 할지라."

여기서 의무는 무슨 의무를 말합니까? 선행하는 7장 2절이 "음행을 피하기 위하여 남자마다 자기 아내를 두고 여자마다 자기 남편을 두라"고 대답하고 있습니다. 바울 사도는 여기서 결혼의 실제 목적 하나를 밝히고 있습니다. '음행을 피하기 위해서'라는 것입니다. 그것이 결혼의 유일한 이유는 될 수 없지만 결혼의 가장 실제적인 이유 중 하나라는 것입니다. 그렇다면 여기서 의무는 성적 의무를 말하며, 부부는 상호간에 성적 의무를 다해야 한다는 것입니다. 때로는 아내에게 성적 욕구가 없어도 아내는 남편의 욕구를 해소하기 위해 그를 섬길 의무가 있고 반대의 경우도 마찬가지라는 것입니다. 그리고 그것이 당연한 이유는 결혼한 기혼자의 몸은 자기의 것이 아니라 서로의 것이기 때문입니다. 그럼으로써 부부는 음행의 유혹을 극복하며 진실로 하나 된 몸으로 연합의 삶을 살아가야 한다는 것입니다. 그래서 부부는 또한 분방을 조심해야 합니다. 이어서 7장 5절입니다.

"서로 분방하지 말라. 다만 기도할 틈을 얻기 위하여 합의상 얼마 동안은 하되 다시 합하라. 이는 너희가 절제 못함으로 말미암아 사탄이 너희를 시험하지 못하게 하려 함이라."

여기에 몸과 성에 대한 독특한 성경적 관점이 천명되고 있습니다. 예수를 주인으로 모신 그리스도인의 몸은 무엇보다 주의 것이며, 한 걸음 더 나아가 주 안에서 한 몸으로 연합한 부부의 몸은 서로의 것이라는 사실입니다. 어떤 경우에도 그리스도인의 육체와 성은 더 이상 자신의 소유가 아닙니다.

영광의 도구가 되어야 한다

육체와 성은 하나님의 영광의 도구가 되어야 합니다. 고린도전서 6장 20절은 핵심 결론입니다.

"값으로 산 것이 되었으니 그런즉 너희 몸으로 하나님께 영광을 돌리라."

성경에서 우리의 몸은 언제나 두 가지 기회 앞에 서 있습니다. 바울은 로마서 6장 13절에서 우리의 몸이 불의의 무기이든 의의 무기이든 둘 중의 하나라고 말합니다.

"또한 너희 지체를 불의의 무기로 죄에게 내주지 말고 오직 너희 자신을 죽은 자 가운데서 다시 살아난 자같이 하나님께 드리며 너희 지체를 의의 무기로 하나님께 드리라."

실제로 지난 세월 우리는 모두 우리의 몸과 지체를 불의의 무기로 드리지 않았습니까? 그것이 우리 주 예수 그리스도를 십자가에 달리시게 했던 이유였습니다. 그는 거기서 우리의 죄와 불의를 담당하시고 피 흘려 죽으심으로 우리 죄를 사하시고 새로운 삶의 기회를 허락하셨습니다. 그는 십자가의 피 값으로 우리를 사서 다시 우리의 몸을 하나님께 드리게 하셨습니다. 이제 우리가 할 일이 무엇이겠습니까? 우리 몸으로 하나님께 영광을 돌려야 합니다. 그러나 그런 일이 일어나기 위해서는 중요한 전제가 있습니다. 그리스도를 십자가에 내어 주심으로 대가를 지불하신 하나님의 사랑이 우리에게 참으로 진지하게 경험되어야 한다는 것입니다.

그리스도인들 사이에서 큰 화제가 되었던 책《뜻밖의 회심》(아바서원)을 소개하고 싶습니다. 저자는 동성연애자 출신 여성입니다. 그녀는 28세에 레즈비언임을 공개적으로 선언했고 36세에 뉴욕 시라큐스대학교의 종신 교수가 되어 영문학과 여성학을 가르치고 있었습니다. 프로이트, 헤겔(Hegel), 마르크스(Karl Marx), 다윈(Charles Darwin)의 세계관을 추종하던 그녀는 레즈비언 파트너와 함께 살며 에이즈 관련 활동, 아동 보건 및 문맹 퇴치, 환경 운동에 헌신해 왔습니다. 그녀는 동성애자들에게 쏟아지는 증오의 정치학을 연구하고자 1997년 어느 기독교 우파 잡지에 우파 논리를 공격하는 글을 기고한 후 그 글을 반대하는 편지와 지지하는 편지를 상당수 받습니다.

그중 개혁교회 목사가 쓴 친절한 편지 한 통이 그녀의 시선을 끌었습니다. 그녀를 공격하지 않으면서도 그녀의 논리의 근거를 질문하며 계속 대화를 원하면 만나자는 편지였습니다. 결국 이 한 통의 편지 때문에 그녀는 그 목사의 집을 방문하고 우정을 나누며 적지 않은 시간에 걸쳐 그리스도인이 됩니다. 그리고 주 안에서 사랑하는 사람, 또 다른 젊은 사역자를 만나 평생 찾던 진정한 사랑을 발견했다고 고백합니다. 그녀가 찾은 것은 성이 아닌 참사랑이었습니다. 그녀의 고백을 들어 보십시오.

"그의 부드러운 갈색 눈동자가 얼마나 나를 평안하게 하는지. 내 등을 감싼 그의 손길이 얼마나 하루의 긴장을 눈 녹듯 사라지게 하는지. 내 남편, 내 제일 친한 친구, 평생의 기도 파트너, 내 진실한 사랑!"

만 39세의 나이로 자녀를 가질 수 없었던 그녀는 자신을 당신의 자녀로 입양한 하나님의 사랑을 기억하며 네 자녀들을 입양해 홈스쿨링을 하게 됩니다. 그리고 목사 사모로서 남편과 함께 교인들을 목양하며 지역 사회를 돌보는 새로운 봉사의 삶을 살게 됩니다.

동성애자로 살아가던 자신을 향해 마음의 문을 연 목사님과 자신을 오랜 인내와 긍휼로 영접한 교회 공동체의 사랑, 그리고 궁극적으로 그 사랑의 근원이었던 그리스도의 사랑을 통해 마침내 그녀는 자신의 과거를 죄로 인식하고 새 인생을 살게 되었다고 고백합니다. 그렇습니다. 그녀는 결혼식장에서 주례를 맡았던 분이 들려준 고린도전서 13장의 말씀에 바로 그녀의 새 삶의 비밀이 있었다고 고백합니다. "사랑은 오래 참고 사랑은 온유하며", 배우자에게 짜증과 화를 내고 싶을 때 지금도 무한한 인내로 우리를 대하시는 그리스도를 기억해야 한다고. "시기하지 아니하며 사랑은 자랑하지 아니하며 교만하지 아니하며", 배우자보다 우월하고 싶은 마음이 들거든 제자들의 발을 씻기신 주님을 기억해야 한다고. "무례히 행하지 아니하며 자기의 유익을 구하지 아니하며", 내 하찮은 의견을 배우자 앞에서 고집하고 싶거든 내 영혼을 구하시기 위해 십자가의 수치와 고통을 견디신 그리스도를 기억해야 한다고. "성내지 아니하며", 화가 나서 언성이 높아질 때마다 욕을 당하시되 욕하지 아니한 그리스도를 기억하자고. "모든 것을 참으며 모든 것을 믿으며 모든 것을 바라며 모든 것을 견디느니라", 지쳐서 결혼을 포기하고 싶을 때 우리를 결코 버리지 않고 떠나지 아니하리라 하신 그리스도의 사랑을 기억하자고. 고린도전서 6-7장의 해답은 바로 고린도전서 13장입니다. 여기 제시된 아가페의 사랑이 하나님의 백성을 통해 흘러가야 합니다. 그 사랑을 통해 한 여인이 동성애를 떠나 온전한 가정을 이루어 하나님의 영광을 드러낼 수 있었듯이, 이 사랑은 오늘도 우리의 몸과 성을 하나님의 영광의 도구로 회복시킵니다. 이것이 성경의 교훈입니다.

17. 선하게 쓰임받는 도구

재물

디모데전서 6:17-19

6·25전쟁 직후 한 시골 마을에 자식들은 서울로 보내고 홀로 사는 권사님이 있었습니다. 가난하지만 늘 하나님께 감사하며 행복하게 믿음생활을 하고 계셨습니다. 그런데 이 할머니의 이웃에는 무신론자를 자처하는 할아버지가 살고 있었는데 이분의 취미가 예수 믿는 이 할머니를 놀려 대고 괴롭히는 것이었다고 합니다. 할머니가 조금 아프시면 하나님이 살아 계시다는데 당신이 그렇게 아플 까닭이 있느냐고 조롱하곤 했지만, 할머니는 당황하지 않고 주님의 뜻이 있을 거라고, 하나님께 감사한다고 대답했습니다. 어느 날 할머

니 집을 지나던 할아버지가 할머니의 기도 소리를 우연히 듣게 되었습니다. "하나님, 이번 달은 자식들에게 소식이 없는데 먹을 양식이 다 떨어졌습니다. 하나님이 살아 계심을 믿사오니 제가 양식 문제로 구걸하는 일이 없도록 오늘 해가 지기 전에 양식을 주시옵소서."

이 기도를 엿들은 할아버지는 회심의 미소를 짓고 시장으로 달려가 쌀과 찬거리를 준비하여 해가 지기 전에 할머니 집 툇마루에 갖다 놓았다고 합니다. 저녁에 쌀과 찬거리가 툇마루에 놓인 것을 보고 감격한 권사님 할머니는 다시 큰 소리로 하나님께 양식 주신 것을 감사하자, 숨어 있던 할아버지가 튀어나와 말했습니다.

"할망구, 그 양식은 하나님이 주신 것이 아니라 '내가', '내가' 가져온 것일세. 하나님이란 없네." 그러자 권사님 할머니는 이렇게 대답하셨다고 합니다. "모르시는 소리, 살아 계신 하나님은 종종 마귀를 사용하셔서 우리의 기도에 응답하시고 우리의 필요도 공급해 주신답니다."

이 유머 중에서 흥미롭게도, 권사님 할머니는 자신의 필요를 공급하는 데 하나님과 마귀를 함께 언급하고 있습니다. 여기서 우리가 묻고 싶은 중요한 질문이 있습니다. 재물은 하나님의 도구일까요, 마귀의 도구일까요? 재물은 선한 것일까요, 악한 것일까요? 바울 사도가 그의 믿음의 아들이자 목회의 계승자 디모데에게 보낸 편지 내용을 통해 그 대답을 듣고자 합니다. 재물에 대한 성경의 관점, 무엇일까요?

높일 만큼의 가치는 없는 선물

재물은 높일 만큼 가치를 가지고 있지 않습니다. 우선 바울 사도는 디모데전서 6장 17절에서 그의 제자 디모데가 재물에 대해 경계하는 관점을 가져야 한다고 요약합니다.

"네가 이 세대에서 부한 자들을 명하여 마음을 높이지 말고 정함이 없는 재물에 소망을 두지 말고 오직 우리에게 모든 것을 후히 주사 누리게 하시는 하나님께 두며."

여기서 바울 사도는 재물에 대한 매우 균형적 관점을 소개합니다. 우선 그는 우리가 물질적으로 부해지면 마음이 높아질 것을 걱정합니다. 재물이 우리를 교만하게 할 수 있다는 것입니다. 그래서 재물로 인하여 마음이 높아지는 것을 경계하라고 말합니다. 그렇게 할 가장 중요한 이유는 재물이 '정함이 없는 것'이기 때문입니다. 다른 말로 재물은 '믿을 만한 것이 못 된다'(uncertain)는 것입니다. 재물은 오히려 우리의 인격을 파괴할 수 있습니다. 이미 이런 재물에 대해 경계하는 관점은 디모데전서 6장 10절에서도 이미 전달한 바 있습니다.

"돈을 사랑함이 일만 악의 뿌리가 되나니 이것을 탐내는 자들은 미혹을 받아 믿음에서 떠나 많은 근심으로써 자기를 찔렀도다."

재물을 경계하지 않고 그것을 추구하여 초래된 최대의 비극은 우리가 믿음에서 떠나게 되는 것입니다. 청교도인 코튼 매더(Cotton Mather)가 남긴 명언이 있습니다. "종교라는 어머니는 번영이라는 딸을 낳는다. 그러나 이어 그 딸은 어머니를 잡아먹는다." 여기서 종교는 물론 기독교 신앙을 가리키는 말입니다. 정상적이고 건강한 기독교 신앙은 우리를 자극해 열정적이고 성실하게 일하게 합니다. 그래서 우리는 번영이라는 선물을 얻습니다. 그러나 일단 부를 얻고 성공하면 우리는 우리를 성공하게 만든 신앙을 상실한다는 것입니다.

그래서 성경은 우리가 재물을 얻으면 마치 모든 것을 얻은 것처럼 교만하지 말아야 한다고 권면합니다. 재물은 필요한 것이지만 우리가 모든 것을 걸 만큼 높은 가치를 갖지는 않기 때문입니다. 마이클 샌델(Michael Sandel)이 쓴 세계적 베스트셀러 《정의란 무엇인가》에 이은 또 다른 화제작으로 《돈으로 살 수 없는 것들》(이상 와이즈베리)이 있습니다. 이 책에서 그는 돈으로 우정이나 진정한 애정, 혹은 좋은 삶(the good life)을 살 수 있느냐고 질문하고 있습니다. 우리 교회 교우였던 숭실대 김선욱 교수가 이 책을 감수했는데, 그는 자신의 경험을 들려줌으로써 이 책의 내용을 요약합니다. 그의 친구 집에 방문한 어른 한 분이 경제적 어려움을 겪고 있는 그 집을 격려하려고 그 집의 다섯 살짜리 아이에게 고액의 지폐를 보여 주며 "아저씨에게 뽀뽀하면 이 돈을 줄게"라고 말했다고 합니다. 이 소녀에게 장난감 살 용돈을 선물하려는 호의였을 것입니다. 그러나 그때 아이의 엄마가 갑자기 소리를 질렀다고 합니다. "안 돼, 뽀뽀하지 마!" 거기 있었던 김 교수나 돈을 꺼내 든 어른 모두 무안했지만 엄마의 태도는 단호했다고 합니다. "아이에게 뽀뽀로 돈을 벌 수 있다는 것을 가르치면 안 됩니다." 사실 이 에피소드는 마이클 샌델이 책을 통해 전달하려는 내용을 함축하고 있습니다. 그는 이 책에서 시종여일 도덕적 가치가 배제된 채 돈만으로 모든 것을 사고팔 수 있는 사회가 우리가 진정 원하는 사회인지 질문하고 있습니다.

무시할 만큼 가치가 낮지도 않다

그렇다고 우리는 재물을 악으로 취급해야 할까요? 그렇지는 않습니다. 재물은 무시할 만큼 가치가 낮지도 않습니다. 디모데전서 6장 17절 후반부를 다시 주의해서 보십시오.

"정함이 없는 재물에 소망을 두지 말고 오직 우리에게 모든 것을 후히 주사 누리게 하시는 하나님께 두며."

재물이 우리의 소망은 아니지만 재물을 주시고 누리게 하시는 분은 하나님이심을 가르치는 것입니다. 우리는 재물이 아닌 재물을 주시는 하나님께 소망을 두고 살아야 한다고 성경은 가르칩니다. 그리고 그렇게 살아가는 사람들에게 주어지는 재물은 분명히 하나님의 선물이라는 것입니다. 그것을 정당하게 누리는 것은 분명히 축복입니다. 성경은 이런 물질적 축복의 정당성을 부정하지 않습니다. 모든 것을 소유하신 하나님의 아들 예수님이 이 땅에 오사 가난하게 되신 이유도 오히려 그의 제자들이 부요한 삶을 누리는 것을 보기 원하셨기 때문이라고 가르치십니다. 고린도후서 8장 9절을 보십시오.

"우리 주 예수 그리스도의 은혜를 너희가 알거니와 부요하신 이로서 너희를 위하여 가난하게 되심은 그의 가난함으로 말미암아 너희를 부요하게(물질적으로) 하려 하심이라."

사실 물질적인 부요, 곧 재물을 싫어할 인생이 있을까요? 우리 교회에서 청지기 부흥회도 인도하신 김동윤 장로님은 《솔직히 말해서 예수님 다음으로 돈이 좋아요》(교회성장연구소)라는 책을 쓰셨습니다. 저는 이 제목이 매우 솔직한 고백이라고 생각합니다. 한번 우리 교회 교인과 타 교인이 함께 있는 자리에 제가 동석하게 되었는데 저희 교인이 타 교인에게 "우리 목사님은 돈을 싫어하세요"라고 제 소개를 하시더라구요. 제가 어떤 느낌을 받았을까요? 제가 '아닌데, 나도 돈을 좋아하는데…'라고 독백한 적이 있습니다. 물론 그분은 제가 목회하면서 돈으로 실수한 적이 비교적 없음을 자랑하고 싶어서 그렇게 표현했다고 이해합니다. 제 자신도 돈으로 실수하지 않고자 극도로 조심한 것은 분명한 사실이라고 말씀드릴 수 있습니다. 과거 기독교 역사에서는 돈이나 물질을 죄악시하고 청빈한 삶만이 경건의 표현인 것처럼 주장하던 이들이 있었습니다. 이렇게 모든 물질 곧 재물을 죄악으로 간주하고 금기시하는 신앙적 견해를 '금욕주의'(Asceticism)라고 부릅니다. 그러나 이런 금욕주의는 어느 때나 기독교 주류 신학에서 바른 견해로 간주되지 못했습니다. 재물과 경건을 분리하는 이원론은 결코 성경적인 사상이 아닙니다. 재물과 물질의 주인이 하나님이시라면 재물의 가치는 결코 무시해 버릴 정도로 낮지 않습니다. 그렇다면 재물에 대한 더욱 적극적인 성경적 관점은 무엇일까요?

선한 도구로 사용되어야 할 선물

재물은 선한 도구로 사용되어야 할 하나님의 선물입니다. 바로 디모데전서 6장 18절의 교훈입니다.

"선을 행하고 선한 사업을 많이 하고 나누어 주기를 좋아하며 너그러운 자가 되게 하라."

재물은 그 자체로는 중립적 가치이지만 재물을 악한 목적으로 사용하면 악한 것이 되고, 선한 목적으로 사용하면 선한 것이 된다는 것입니다. 재물이 정녕 하나님의 선물이라면 하나님의 목적을 위해 사용될 수 있어야 합니다. 돈에 관한 존 웨슬리(John Wesley)의 유명한 설교를 들어 보셨을 것입니다. 그의 설교에서 첫 번째 대지는 "할 수 있는 한 벌어라"(Gain all you can)였다고 합니다. 청중은 그가 인간을 이해하는 설교자라고 생각하였을 것입니다. 그런데 그의 설교 두 번째 대지는 "할 수 있는 한 저축하라"(Save all you can)였습니다. 과연 시대를 이해하는 설교자라고 생각했을 것입니다. 그런데 그의 설교 세 번째 대지는 "할 수 있는 한 주어라"(Give all you can)였습니다. 그날 그의 설교를 들은 사람들의 반응이 궁금하기만 합니다. 정확하게 주님의 말씀과 일치하지 않습니까? 누가복음 6장 38절의 말씀을 기억하시나요?

"주라. 그리하면 너희에게 줄 것이니 곧 후히 되어 누르고 흔들어 넘치도록 하여 너희에게 안겨 주리라. 너희가 헤아리는 그 헤아림으로 너희도 헤아림을 도로 받을 것이니라."

우리는 흔히 "벌어서 남 주나?"라고 말합니다. 맞습니다. 그리스도인은 유일하게 남 주기 위해 벌고, 남 주기 위해 일하고, 남 주기 위해 저축하는 사람입니다.

이렇게 사는 사람이 맞이할 궁극적인 결과가 디모데전서 6장 19절 말씀에 약속되어 있습니다.

"이것이 장래에 자기를 위하여 좋은 터를 쌓아 참된 생명을 취하는 것이니라."

이 내용은 바울 사도의 말씀이지만 우리는 이와 비슷한 예수님의 말씀을 기억하고 있습니다. 19절은 결국 주님의 산상수훈 말씀 "너희를 위하여 보물을 땅에 쌓아 두지 말라. …하늘에 쌓아 두라"(마 6:19-20)는 말씀을 바울식으로 다시 적용한 말씀이라고 생각합니다. 성경적 재물관의 결론은 하늘나라를 향해 투자하는 삶인 것입니다. 그것을 위해 일하고 그것을 위해 벌고 그것을 위해 써야 한다는 것입니다. 우리가 성경을 믿는 그리스도인이라면 우리의 재테크 계획에 하늘나라를 위한 투자 항목이 반드시 포함되어 있어야 합니다. 우리가 드리는 정기적인 십일조는 우리에게 주어진 재물이 궁극적으로 하나님의 소유임을 고백하는 것이며 정기적인 헌금은 정기적인 헌신의 표현이고 정기적인 선교헌금과 구제헌금은 주 예수님의 전도 명령과 이웃 사랑의 명령에 대한 우리의 구체적인 순종의 응답인 것입니다.

앗수르 귀족으로서 야훼 신앙으로 개종한 모노바즈(Monobaz)란 사람이 어느 날 하나님과 깊은 사랑에 빠지게 되었습니다. 그는 선조 때부터 물려받은 적지 않은 재산을 대부분 정리하여 하나님의 사역과 이웃들을 돕는 구제 사역을 위해 헌금하게 되었습니다. 그랬더니 그의 형제들이 몰려와 선조가 피땀 흘려 모은 재물을 유산으로 받아 그런 식으로 낭비했다며 그를 힐책하였습니다. 그때 그는 조용히 이렇게 대답했다고 합니다.

"예, 압니다. 잘 압니다. 선조가 하신 일과 제가 하는 일의 차이는 이것입니다. 나의 선조는 재물을 땅에 쌓았고 저는 재물을 하늘에 쌓고 있는 것입니다. 우리 선조는 현세를 위해 재물을 쌓았고 저는 내세를 위해 재물을 쌓고 있을 뿐입니다."

바울 사도는 디모데전서 6장 19절에서 "이것이 장래에 자기를 위하여 좋은 터를 쌓아 참된 생명을 취하는 것"이라고 전합니다. 이것이 바로 영원을 위한 재물관, 바로 성경적으로 재물을 바라보는 관점입니다.

이해인의 시 〈가난한 새의 기도〉가 생각납니다. "꼭 필요한 만큼만 먹고 / 필요한 만큼만 둥지를 틀며 / 욕심을 부리지 않는 새처럼 / 당신의 하늘을 날게 해 주십시오 // 가진 것 없어도 / 맑고 밝은 웃음으로 / 기쁨의 깃을 치며 / 오늘을 살게 해 주십시오 // 예측할 수 없는 위험을 무릅쓰고 / 먼 길을 떠나는 철새의 당당함으로 / 텅빈 하늘을 나는 / 고독과 자유를 맛보게 해 주십시오 // 오직 사랑 하나로 / 눈물 속에도 기쁨이 넘쳐 날 / 서원의 삶에 / 햇살로 넘쳐 오는 축복 // 나의 선택은 / 가난을 위한 가난이 아니라 / 사랑을 위한 가난이기에 / 모든 것 버리고도 / 넉넉할 수 있음이니 // 내 삶의 하늘에 떠다니는 / 흰 구름의 평화여 // 날마다 새가 되어 / 새로이 떠나려는 내게 / 더 이상 / 무게가 주는 슬픔은 없습니다."

18. 섬김과 희생을 위한 힘

권력

마태복음 20:20-28

철학자 니체(Friedrich Nietzsche)는 인간 존재의 본질을 '권력에의 의지'(will to power)라고 보았습니다. 인간은 부단히 더욱 큰 힘과 큰 영향력을 가지려고 몸부림치는 인생을 살고 있다는 것입니다. 모든 갈등의 근저에는 바로 이 권력의 문제가 도사리고 있습니다. 우리는 흔히 '권력'하면 정치가들을 먼저 떠올리지만 인간이 형성하는 모든 공동체에는 권력의 문제가 상존하고 있습니다. 심지어 가정에서 일어나는 부부 갈등, 혹은 고부 갈등의 본질도 무엇입니까? 집에서 누가 더 큰 힘과 주도권을 갖느냐라는 권력의 갈등이 아닙니까?

이런 권력 쟁탈전은 예수님 주변에서도 일어났습니다. 사순절 기간이라 할 수 있는 예수님의 마지막 수난이 가까운 시각, 어느 날 세베대의 아들의 어머니가 예수님의 제자였던 두 아들, 야고보 와 요한을 데리고 예수님에게 나아와 절하자 예수님이 묻습니다. 마태복음 20장 21절입니다.

"예수께서 이르시되 무엇을 원하느냐 이르되 나의 이 두 아들을 주의 나라에서 하나는 주의 우편에, 하나는 주의 좌편에 앉게 명하소서."

옛 한국식 표현을 빌리면 한 아들은 우의정, 한 아들은 좌의정 으로 등용해 달라는 요청입니다. 마가복음에는 두 제자가 직접 이 렇게 요청한 것으로 기록되어 있지만 마태복음에서는 어머니가 이런 두 아들의 소원을 대변한 것으로 나타나 있습니다. 여하튼 이 어머니는 너무나 한국 어머니를 닮지 않았습니까? 가히 치맛바 람의 원조라고 할 만합니다. 예수님에게 3년 가까이 훈련을 받았 음에도 제자들의 마음속에서 권력을 향한 욕구는 잠들지 않고 있 었습니다.

그러나 성경은 권력 그 자체를 정죄하지 않습니다. 인간 사회가 질서를 유지하기 위해서 권력은 필요합니다. 그래서 사도 바울은 권력을 하나님의 선물이라고 가르칩니다. 로마서 13장 1절의 말씀을 기억하십니까?

"권세는 하나님으로부터 나지 않음이 없나니 모든 권세는 다 하나님께서 정하신 바라."

중요한 것은 삶의 마당에 하나님께서 이 권력을 하사하시는 의도를 깨닫는 것입니다. 진정한 권력의 본질은 무엇일까요?

진정한 권력은 자리의 문제가 아니다

세베대의 아들들의 어머니는 무엇을 착각하였습니까? 예수님이 행하시는 기적을 본 그녀는 예수님이 로마의 권력을 뒤엎고 유대인들이 소원한 하나님의 나라, 메시아의 나라를 그 땅에 이루실 때가 가까웠다고 확신한 듯합니다. 그래서 그녀의 사랑하는 아들들이 장차 올 하나님의 나라에서 왕 되신 메시아의 좌우편에 앉을 것을 기대한 것입니다. 아들들이 그 자리에 앉기만 하면 부모로서 자신의 사명은 끝났다고 생각했을 것입니다. 아들들이 그 자리에 앉아 어떻게 권력을 행사하여 백성을 섬길 것인지는 중요한 관심사가 아니었습니다. 오직 아들들이 자리를 차지하는 것이 중요했던 것입니다. 이런 높은 지위에 대한 욕구는 유교의 권위주의적 문화에 영향을 받은 한국인들에게는 더더욱 현저하게 작동되고 있습니다. 우리는 보통 조상을 소개할 때 그분들이 정승을 지내셨다, 원님을 지내셨다, 지금으로 말하면 장관, 도지사, 시장을 맡으셨다는 사실을 자랑합니다. 그러나 그분들이 그 자리에서 어떤 업적이나 덕행을 남겼는지는 거의 말하지 않습니다.

이 땅에서 초기 복음 선교가 이루어지던 시절에 이런 이야기가 기록으로 남아 있습니다. 100여 년 전 이 땅에 도착하여 적응하기 시작한 한 선교사님이 선교 본부에 보낸 편지의 한 구절입니다.

"조선의 가옥에 들어가면 소위 구들방이 있는데 거기에는 의자가 없고 쿠션이 있는 방석을 사용하고 앉습니다. 그냥 빈 공간입니다. 그러나 이 방들은 부엌 아궁이와 연결되어 있어서 불을 지피면 방바닥이 따뜻합니다. 그냥 평평한 방바닥이지만 이 방에 들어가 앉을 때는 신경을 써서 앉아야지 아무 곳이나 앉으면 예의를 모르는 사람으로 간주됩니다. 거기에는 어르신들이 앉는 높은 자리와 그렇지 않은 사람들이 앉는 낮은 자리가 반드시 구분되어 있기 때문입니다. 대체로 부엌 쪽의 좀 더 따뜻한 곳이 높은 자리이고 입구 쪽이 낮은 자리입니다. 그리고 높으신 분이 앉기 전에 먼저 앉으면 또한 예의를 범하는 셈입니다. 그런데 이 높은 자리와 낮은 자리를 구분하는 것이 저희 선교사들에게는 때로 쉽지 않습니다."

우리가 바로 그런 영향을 받은 사람들입니다. 삶의 양상은 달라졌지만 이렇게 자리에 집착하는 성향은 별로 달라지지 않은 것이 현실 아닙니까? 선거철이 되면 우후죽순으로 이 자리를 차지하려는 이들의 행렬을 목격하게 됩니다. 그러나 이제야말로 우리는 그들이 거기 앉아 무슨 정책을 어떻게 펴는지 우리의 눈과 귀를 열고 감시해야 합니다.

🌿 진정한 권력은 섬김을 위해 주어진다

세베대의 아들들의 어머니가 두 아들들의 자리를 청탁하는 로비 현장을 목격한 다른 제자들의 반응이 흥미롭습니다. 마태복음 20장 24절에 보면 다른 열 제자가 분히 여겼다고 기록합니다. 사실 다른 열 제자도 나을 것이 없었던 셈입니다. 야고보와 요한이 제일 높은 두 자리를 차지하면 그들이 차지할 자리가 없어진다고 생각한 것입니다. 그래서 분을 삭이지 못했다고 기록되어 있습니다. 이 대목에서 예수님은 무슨 말씀을 하셨습니까? 이어서 20장 25절입니다.

"예수께서 제자들을 불러다가 이르시되 이방인의 집권자들이 그들을 임의로 주관하고 그 고관들이 그들에게 권세를 부리는 줄을 너희가 알거니와."

무슨 말씀입니까? 이런 생활 양식은 이방인들이 추구하는 삶의 모습이라는 것입니다. 권세를 차지하고 세도를 떨치며 남들을 마음대로 부리는 데서 쾌감을 느끼는 태도를 비판하신 것입니다. 그러면서 다음 26절은 "너희 중에는 그렇지 않아야 하나니"라고 말씀하십니다. "너희 중에 누구든지 크고자 하는 자는 너희를 섬기는 자가 되고." 27절은 이렇게 이어집니다. "너희 중에 누구든지 으뜸이 되고자 하는 자는 너희의 종이 되어야 하리라." 한마디로 진정한 권력은 섬김을 위한 것이라는 의미가 아닙니까?

예수님의 이런 가르침과 삶을 통해 오늘을 사는 인류가 체득한 위대한 리더십이 바로 '서번트 리더십'입니다. 예수께서는 2천 년 전 이 위대한 리더십을 가르치시고 몸소 실행하셨던 것입니다. 그러나 인류는 이 교훈을 배우기 위해 또다시 2천 년을 기다려야 했습니다. 비교적 최근에서야 이 서번트 리더십을 구체적으로 실험하고 가르치기 시작했음을 인지하십니까? 서번트 리더십은 미국 AT&T회사에서 경영 연구와 교육을 담당했던 로버트 그린리프(Robert Greenleaf)가 1977년 출간한 《서번트 리더십》(참솔)이라는 책에 소개된 개념으로, 리더십이라는 개념을 바라보는 시각의 전향점을 마련했다고 평가됩니다. 그 후 이 책은 200만부 이상 판매되면서 현대의 신고전으로 평가되고 우리 시대의 거의 모든 서번트 리더십 구루(guru)들이 그의 영향을 받았다고 고백하고 있습니다.

그린리프는 도대체 어디에서 이 서번트 리더십의 영감을 받았을까요? 그는 헤르만 헤세(Hermann Hesse)의 작은 우화집인 《동방순례》에서 영향을 받았다고 고백합니다. 이 우화의 주인공 레오는 사실은 수도원의 높은 지도자이면서 하인의 모습을 한 채 성지로 가는 순례객을 섬기고 있었던 것입니다. 그러면 헤르만 헤세는 어디서 이 책의 영감을 얻었을까요? 우리는 그가 신학교 중퇴생이며 인도 선교사의 아들이었음을 잊어서는 안 됩니다. 그는 결국 성경이 증거하는 예수님의 리더십에서 이 서번트 리더십을 배울 수 있었던 것입니다. 즉, 진정한 권력은 섬기기 위해 사용되어야 한다는 것입니다.

🌿 진정한 권력은 희생으로 뜻을 이룬다

진정한 권력은 섬김을 위해 주어진다는 사실을 살펴보았습니다. 그런데 그 섬김으로 진정한 권력의 목적을 실현하기 위해서는 고난과 희생을 감수할 줄 알아야 합니다. 세베대의 아들들의 어머니가 예수님에게 두 아들의 자리를 청탁했을 때 예수님이 주신 말씀의 뜻이 바로 그것이었습니다. 마태복음 20장 22-23절입니다.

"예수께서 대답하여 이르시되 너희는 너희가 구하는 것을 알지 못하는도다. 내가 마시려는 잔을 너희가 마실 수 있느냐. 그들이 말하되 할 수 있나이다. 이르시되 너희가 과연 내 잔을 마시려니와 내 좌우편에 앉는 것은 내가 주는 것이 아니라 내 아버지께서 누구를 위하여 예비하셨든지 그들이 얻을 것이니라."

그 잔이 무슨 잔이었는지 우리는 잘 알고 있습니다. 십자가의 잔, 고난의 잔, 곧 희생의 잔이었습니다. 고난과 희생 없이 위대한 섬김의 리더십은 탄생할 수 없다는 것입니다. 서번트 리더는 누릴 것 다 누리면서 만들어질 수 없습니다. 포기와 희생 없이 리더는 탄생할 수 없습니다. 고난과 희생을 두려워하는 사람은 리더가 되기를 포기해야 합니다. 십자가 없는 예수님이 상상이 됩니까? 오늘 세베대의 아들들의 어머니가 인사 청탁을 하며 시작된 본문은 예수님의 미션이 선포되는 장엄한 말씀으로 마무리됩니다. 마태복음 20장 28절입니다.

"인자가 온 것은 섬김을 받으려 함이 아니라 도리어 섬기려 하고 자기 목숨을 많은 사람의 대속물로 주려 함이니라."

2010년 3월 〈워싱턴포스트〉(The Washington Post)지에는 아프리카 가나 오투암(Otuam, 7천 명)족 최초의 여왕이 된 한 여인의 기사가 실렸습니다. 주인공의 이름은 페기린 바텔스(Peggielene Bartels)입니다. 그녀는 본래 주미 가나대사관에서 타이핑하고 복사하며 커피를 준비하던 비서였습니다. 2008년 8월 어느 날 새벽, 워싱턴 D. C. 외곽 실버 스프링의 작은 아파트에 전화가 울립니다. 페기라는 여인에게 가나에 사는 이종사촌이 걸어 온 전화였습니다. 그녀는 자신이 이 부족의 여왕으로 추대되었다는 소식을 들었습니다. 페기는 가나에서 태어났지만 스물여섯 살에 미국으로 이주하여 30년을 미국에서 살아왔습니다. 그녀의 외삼촌은 이 아프리카 부족의 선왕이었는데 그가 죽자 부족은 그들만의 의식을 통해 여러 부족의 후보 중 미국에 가 있는 페기를 여왕으로 추대한 것입니다. 그러나 그녀에게 여왕의 길은 결코 영광스러운 길이 아니었습니다. 오투암 부족의 삶은 결핍투성이였습니다. 그곳에는 수도 시설도, 의사도, 학교도 없었습니다. 아이들은 몇 시간씩 걸어서 연못에 이르러 흙탕물을 길어 마셨습니다. 마을 회관 같은 곳이 그녀의 왕궁이었고 왕실 곳간은 바닥나 있었습니다. 주위 사람도 그녀를 말렸지만 그녀의 친구 엘리자베스만이 "왕은 아무나 하는 것이 아니다. 왕위는 신의 선물이니, 해야 한다"라고 격려합니다. 그녀는 가나 대사와 의논하여 미국에 오면 언제든지 대사관의 비서실 근무자로 일을 할 수 있도록 허락받고 오투암으로 돌아갑니다.

그녀는 부족의 여왕과 미국 대사관의 비서직을 이중으로 수행하면서 부족 왕국의 개혁에 착수합니다. 일체의 부패를 없애고 깨끗한 수돗물을 끌어왔습니다. 학교를 세워 아이들의 교육에 착수하고, 예배당을 짓고, 간이 병원을 열고 구급차를 들여왔습니다. 이때 그녀에게 결정적인 도움을 준 곳이 워싱턴 샤일로침례교회였습니다. 그리고 그녀는 샤일로침례교회의 헌신에 감동받아 명목상의 교인에서 참성도가 되고, 〈워싱턴포스트〉 보도 이후 헌신한 후원자들과 교회의 도움을 받아 마침내 오투암의 총체적 사회 개혁을 진행하게 됩니다. 그녀는 지금도 워싱턴에 오면 1992년식 작은 자동차를 몰고 다닙니다. 그동안 부패와 전쟁하며 부족 원로들을 상대로 피나는 투쟁을 해야 했습니다. 그러나 부족들은 페기를 신이 내린 여왕으로 존경합니다. 이제 부족민들은 오투암이 지옥에서 천국으로 변했다고 말합니다. 그들은 하루 일과의 처음과 마지막을 "신이시여, 페기(나나) 여왕을 도와주셔서 우리 마을이 더욱 천국이 되게 해 주소서"라는 기도로 시작하고 마친다고 합니다. 한 여인의 희생이 지옥을 닮았던 한 부족 국가를 작은 천국으로 바꾸고 있는 것입니다. 이런 리더십이 오늘 우리에게도 필요하지 않습니까? 페기가 보여 준 종의 리더십, 예수님의 십자가 희생으로 보여 주신 그 섬김의 리더십 말입니다. 지금은 예수님이 걸으셨던 고난의 길 덕분에 우리가 구원 얻고 새로운 섬김의 삶을 살게 된 의미를 다시 묵상해야 할 때입니다.

19. 삶의 유일한 처방

부활

요한복음 11:25-26

우리는 그리스도인으로서 평생에 수없이 반복되는 부활절을 맞이하고 기념하고 있습니다만 금년 부활절은 여러 의미에서 잊을 수 없는 부활절이 될 것 같습니다. 부활절의 상징은 기쁨이요 희망입니다. 그러나 최근 우리는 세계 곳곳에서 일어나는 전쟁의 불씨와 세계적인 경제 불황으로 기쁨 대신 슬픔으로, 희망 대신 절망으로 부활절을 맞이하고 있습니다. 이런 슬픔과 절망이 깃든 이 시대, 우리에게 부활의 의미는 도대체 무엇이겠습니까? 복음이 이 땅에 상륙하면서 이 땅의 근대 지식인들에게 신, 불신을 막론하고 부활의 의미를 처음으로 진지하게 생각하게 만든 문학 작품이 있었다면 러시아의 대문호 톨스토이(Lev Tolstoy)의 《부활》이었습니다. 톨스토이가 이 책을 처음으로 출간한 것은 1899년이었습니다만 이 책이 정식으로 한국 땅에 소개된 것은 3·1운동 이후 1922년 〈매일신보〉에 번역 게재되면서였다고 합니다. 익명의 번역자 '춘계생'(춘원 이광수나 그의 부인 허영숙으로 추정)은 이 작품 번역을 시작하며 다음과 같은 글을 올렸습니다.

"내가 지금까지 본 작품 중에 《부활》처럼 깊은 감동과 높은 교훈을 선사한 책은 없습니다. 《부활》은 나의 영혼을 뿌리부터 흔들었습니다. 몇 번이나 나를 울리고 하나님 앞에 꿇어 엎드려 눈물의 기도를 드리게 하였을까. 나는 지금 이 좋은 책을 사랑하는 우리말로 번역하여 사랑하는 우리 동포에게 드리게 된 것을 기쁨으로 아옵니다."

최초 번역자가 그리스도인이었음은 분명한 사실입니다. 그러나 여기서 우리가 주목할 것은 톨스토이가 이 작품을 쓰게 된 시대적 배경입니다. 사실상 톨스토이는 만 70세, 그의 인생이 절정으로 완숙한 경지에 올라 이 작품을 내어 놓습니다. 톨스토이 연구가들은 그가 이 작품을 쓰게 된 직접적 배경으로 당시 러시아의 산업화 과정에서 흔들리며 제 역할을 감당하지 못하던 러시아의 행정부와 사법부, 그리고 정신적 등대로서 사명을 감당하지 못하던 러시아 정교회에 대한 그의 실망과 좌절이었다고 지적합니다. 그리고 그는 진정 그의 조국의 부활, 교회의 부활, 그리고 힘없이 좌절하고 있었던 민초들의 부활을 열망하는 마음으로 이 작품을 내어 놓았다고 말합니다. 톨스토이에게 부활은 일어나야만 하는 명제였던 것입니다. 오늘의 우리도 같은 심정 아닙니까? 전쟁과 불황 속에 내던져진 영혼들을 바라볼 때 부활, 일어나야 하지 않겠습니까? 나라와 시대의 방황을 보면서 비전을 제시하지 못한 채 자체의 부패와 분열로 숨죽이고 있는 한국 교회의 부활, 일어나야 하지 않겠습니까?

지금 살펴볼 장면은 마르다와 마리아 자매에게 하나밖에 없는 사랑하는 오라비 나사로가 병들어 누운 상황에서 시작합니다. 자매들은 사람을 보내 예수님께 도움을 청합니다. 요한복음 11장 3절을 보십시오.

"이에 그 누이들이 예수께 사람을 보내어 이르되 주여 보시옵소서. 사랑하시는 자가 병들었나이다."

그런데 어찌된 까닭인지 예수께서는 나사로가 있는 곳으로 달려가기보다 계시던 곳(요단 건너편, 요 10:40)에 이틀을 더 지체하고 머무셨습니다. 이어서 11장 6절을 보십시오.

"나사로가 병들었다 함을 들으시고 그 계시던 곳에 이틀을 더 유하시고."

한시가 급한 자매들로서는 이해할 수 없는 예수님의 늑장이었습니다. 그러나 잠시 후 비로소 우리는 그분이 늑장을 부리신 이유를 발견하게 됩니다. 그것은 나사로에게 병의 치유보다 더 좋은 선물을 주시고자 함이었습니다. 치유는 필요하고 좋은 것입니다. 그러나 모든 치유는 일시적 해답에 불과합니다. 치유보다 더 좋은 것, 영원하고도 완벽한 해답을, 주님은 불행을 당한 이 자매의 가정에게 그리고 오늘을 사는 우리에게 주고자 하셨습니다. 바로 부활입니다. 나사로의 완전한 사망이 선포된 지 나흘 만에(17절) 그의 무덤에 찾아오신 예수께서 인류 사상 유일한 복음의 메시지를 선포하십니다.

"예수께서 이르시되 나는 부활이요 생명이니 나를 믿는 자는 죽어도 살겠고 무릇 살아서 나를 믿는 자는 영원히 죽지 아니하리니 이것을 네가 믿느냐"(요 11:25-26).

여기 부활이 하나님의 더 좋은 선물인 두 가지 이유가 선포됩니다.

육체적 사망의 유일한 처방

부활은 우리의 육체적 사망에 대한 하나님의 유일한 처방입니다. 미국의 유명한 코미디언 조니 카슨(Johnny Carson)은 "우리 인생에서 확실한 것은 두 가지밖에 없다. 하나는 세금을 내야 한다는 것이고 또 하나는 죽어야 한다는 것이다"라고 말했습니다. 그러나 우리는 실제로 세무서보다 머리를 더 잘 쓰는 사람들이 세금을 피해 왔다는 사실을 잘 알고 있습니다. 그러나 죽음만은 그 누구도 피해 갈 수 없습니다. 그래서 누군가는 "죽음의 확률은 100%"라고 했습니다. 과거 트라피스트 수도회의 수사들은 서로 만날 때마다 라틴어로 "메멘토 모리(Memento Mori), 죽음을 기억하십시오"라고 인사했다고 합니다. 이 인사법을 좋게 여긴 로마의 한 황제도 신하들이 자신을 알현할 때마다 이 인사를 하게 했다고 합니다. 권력자도 무력자도 죽습니다. 유명자도 무명자도 죽습니다. 부자도 빈자도 죽습니다. 식자도 무식자도 죽습니다. 죽음은 가장 확실하고 공평한 인생의 실존입니다. 그리고 이 죽음에 대한 해답이 없다는 것도 확실한 사실입니다. 세상은 인간의 수명을 지속적으로 연장해 왔습니다만 죽음을 해결하는 법을 처방하지는 못했습니다.

이 죽음에 대한 유일한 해답을 제공하신 분이 바로 예수 그리스도이십니다. 그래서 우리는 그분의 실존 자체가 바로 복음이라고 고백합니다. 그분은 요한복음 11장 25절에서 부활의 진리를 선포하시고 그분 자신이 죽으신 지 사흘 만에 무덤에서 부활하심으로 부활의 진리를 몸으로 실증하셨습니다.

"내가 부활이요 생명이니 나를 믿는 자는 죽어도 살겠고."

그가 다시 사셨기에 우리도 살 것입니다. 그의 빈 무덤은 부활의 가장 확실한 증거였습니다.

어느 주일학교 선생님이 부활 주일 전주에 어린 학생들에게 빈 상자 하나씩을 나누어 주고 예수님의 부활을 상징하는 물건을 빈 상자에 담아 오라고 과제를 내주었답니다. 부활 주일에 어느 어린이는 나비를, 어느 어린이는 새싹을, 어느 어린이는 백합꽃을 담아 왔습니다. 그런데 언어 장애를 앓던 한 어린이가 빈 곽 그대로 가져와서 선생님이 조심스럽게 물었다고 합니다. "왜 아무것도 안 담아 왔니?" 아이는 더듬거리면서 대답했습니다. "선생님, 예수님은 부활하셨잖아요? 무덤은 비었어요." 그것이 바로 정답입니다. 무덤은 비었습니다. 예수님은 부활하셨습니다. 우리도 부활할 것입니다. 성경은 무덤뿐 아니라 바다에서도 부활이 일어날 것을 증언합니다. 요한계시록 20장 13절은 "바다가 그 가운데에서 죽은 자들을 내주고"라고 전합니다. 인간의 육체적 사망에 대한 유일한 예수님의 처방, 부활입니다.

영적 사망의 유일한 처방

부활은 영적 사망에 대한 하나님의 유일한 처방입니다. 성경은 인간이 죄를 범함으로 죽음이 찾아왔다고 증언합니다. 로마서 6장 23절은 "죄의 삯은 사망"이라고 말합니다. 그러나 여기서 사망은 육체적 사망뿐 아니라 영적 사망을 포함합니다. 사망이라는 단어의 어원적 정의는 '단절'(separation)입니다. 육체적 사망이우리의 영혼과 육체가 단절되는 것, 곧 우리의 육체에서 영혼이떠나가는 것이라면 영적 사망은 하나님과의 영적 단절입니다. 아담이 죄를 범함으로 육체적 사망이 찾아왔지만 그보다 먼저 영적사망이 그를 찾아왔습니다. 그가 범죄하는 순간 그는 하나님을 피하기 시작합니다. 그리고 자신의 실존을 부끄러워하고 숨기 시작합니다. 죄책감의 지배를 받기 시작한 것입니다. "아담아 네가 어디 있느냐?"는 하나님의 질문에 아담은 창세기 3장 10절에서 "내가 벗었으므로 두려워하여 숨었나이다"라고 고백합니다.

톨스토이가 그의 작품 《부활》에서 증언하려고 했던 죽음도 이런 영적 죽음이었고 그가 제시하고자 했던 궁극적 희망도 이런 영적 부활이었습니다. 재판정에서 배심원으로 나온 주인공 네흘류도프 공작은 살인 절도 혐의로 잡혀 온 과거의 여인 카츄사를 법정에서 만납니다. 그녀는 젊은 날 그가 한때 사랑하고 버린 여인이었습니다. 그 이후 그녀는 창녀의 삶을 살고 있었습니다. 홀연히 그는 재판받기 위해 나온 그 여인이 죄인이 아니라 자신이 죄인임을 깨닫습니다. 그리고 카츄사의 감형 운동을 진행하는 과정에서 그 시대 수많은 무고한 죄인들을 발견합니다. 그는 재판의부조리와 귀족 사회의 뿌리 깊은 부패에 절망하며 죄 속에 빠진 사회와 인류의 모습을 깨닫습니다. 그리고 그는 시베리아로 유형을 떠나는 카츄사를 따라가 황막한 벽지에서 비로소 진정한 용서를 경험하고 영혼의 부활을 체험하게 됩니다.

그의 노력으로 마침내 카츄사의 무고함이 밝혀지고 진범이 잡힘으로 그녀가 연관된 사건은 마무리되지만 그와 카츄사의 결합은 이루어지지 못합니다. 카츄사가 같은 죄수 중에서 자신의 남편을 선택했기 때문이었습니다. 그러나 이 대목에서 주인공 공작은 자신의 인생 과제가 아직 끝나지 않았음을 깨닫습니다. 그것은 억울하게 법 제도로 희생되는 이들을 위해 법과 제도, 관습을 개혁하여 보다 나은 세상을 만드는 일에 헌신하는 새로운 삶이었습니다. 이것이야말로 영적으로 부활한 그가 맡을 진정한 임무였던 것입니다. 그리고 실상 이 작품의 주인공이 경험한 부활은 작가인 톨스토이가 뒤늦게 경험한 영적 부활의 자전적 간증이었던 것입니다. 그러므로 오늘 우리는 예수님의 부활 메시지가 선포되는 자리에서 그분이 육체적 부활의 비전뿐 아니라, 영적 부활의 비전을 함께 제시하고 계심을 볼 수 있어야 합니다. 요한복음 11장 26절에서 그는 "살아서 나를 믿는 자는 영원히 죽지 아니하리"라고 하십니다. 우리가 예수를 믿는 순간 우리는 죄를 사함 받고 하나님의 자녀로서 새롭고도 영원한 인생을 살게 됩니다. 이것이 바로 우리의 영적 부활입니다. 그런 의미에서 부활은 우리의 영적 사망에 대한 하나님의 유일한 처방이요 해답입니다.

그렇다면 이제 새로운 피조물이 된 자로서 부활의 미션을 발견해야 합니다. 오늘 본문에서 육체의 부활을 경험한 나사로도 결국은 다시 죽었을 것입니다. 저는 종종 생각해 봅니다, 주님의 은혜로 일시적이지만 육체의 부활을 경험한 나사로의 삶이 그 후 어떻게 달라졌을지. 우선 그는 죽음이 두렵지 않았을 것입니다. 그리고 자기에게 새로운 삶을 주신 그분을 증언하는 일에 여생을 바치며 부끄럽지 않게 살아갔을 것입니다.

실제로 요한복음 12장 11절은 "나사로 때문에 많은 유대인이 가서 예수를 믿음이러라"고 기록합니다. 이것이 그의 영적 부활이요 우리에게도 필요한 영적 부활이 아닙니까? 교회 전승에 의하면 그는 후일 지금의 프랑스 남부 마르세유 지역에서 주교가 되어 섬기다가 도미티아누스(Domitianus) 대제 시절 순교하게 됩니다. 동방 정교회나 가톨릭에서는 그를 성 나사로라고 칭하고 있습니다. 그의 영적 부활은 그에게 후회할 필요 없는 새로운 미션을 가져다준 것입니다.

그렇다면 톨스토이가 증언한 네흘류도프의 영적 부활, 아니 톨스토이 자신의 영적 부활 그리고 본문에 나타난 나사로의 영적 부활, 그 부활이 오늘을 사는 우리에게도 필요한 것 아닌가요. 그렇습니다. 부활의 변함없는 복음, 다시 사신 주님이 계시기에 우리도 다시 살 수 있습니다. "이것을 네가 믿느냐"고 주께서 묻습니다. 다시 살아남의 은혜가 우리 모두에게 임하시기를!

20. 온전하고 충만한 주님의 임재

천국

요한계시록 21:1-4, 26-27

우리말로 천국은 하늘나라라는 뜻입니다. 평소에 천국이라는 단어를 떠올리면 저 먼 하늘처럼 나와 상관없는 먼 나라처럼 느껴집니다. 그러나 내가 사랑하는 사람이 이 세상을 등지고 떠나가는 순간 그가 가 있는 천국을 생각하면 그곳은 갑자기 우리에게 아주 가까운 나라가 됩니다. 내 부모님, 내 남편, 내 아내가 가 있는 곳, 내 자식들이 가 있는 곳, 가깝지 않습니까? 그만큼 인생에게 삶과 죽음의 경계선은 맞닿아 있습니다. 다윗이 사울왕에게 쫓겨 다니던 시절 그는 사무엘상 20장 3절에서 "나와 죽음의 사이는 한 걸음

| 199 |

뿐이니라"고 고백하기도 했습니다. 우리는 몇 해 전 세월호 참사를 통해 300명이 넘는 젊은 생명들이 한 순간에 유명을 달리하는 모습을 보면서 이런 삶의 허무를 극복하는 유일한 해답은 천국이며, 이들을 위해서도 천국은 있어야만 한다고 생각합니다. 앞 장에서 우리는 부활의 소망을 묵상하며 인생의 부조리를 극복하기 위해서도 부활은 일어나야만 한다는 내용을 살펴보았습니다. 마찬가지로 이 시간에는 부활을 넘어 천국이 있어야만 한다는 말씀을 나누고자 합니다. 성경에 의하면 천국은 있어야만 하는 곳이고 또 실재하는 장소입니다.

요한계시록에서는 천국을 새 예루살렘이라고 부르고 있습니다. 저는 예루살렘을 거의 20여 회 가까이 방문해 보았습니다. 비교적 초기에 한 안내자의 인도로 온 도시가 황금빛 석양으로 물들어 있는 시각, 감람산 언덕에서 예루살렘 도시를 바라본 그 감동의 순간을 잊지 못합니다. 이후 제가 인도하는 성지 순례 여행에서 가능하면 석양이 지는 시간을 택하여 예루살렘에 입성하는 길을 선택하곤 했습니다. 그런데 성경에서는 천국을 가리켜 이 땅의 예루살렘과는 비교도 할 수 없는 새 예루살렘이라고 부르고 있습니다. 이 영원한 천국 새 예루살렘이 신부가 신랑을 위해 자신을 단장하고 기다리듯 우리를 위해 예비되어 있다는 것입니다. 요한계시록 21장 6절은 생명수 샘물, 즉 천국이 목마른 자에게 값없이 준비

된 하나님의 선물이라고 말합니다. 정말 하나님께서 우리를 위해 영원한 천국을 예비하셨다면, 그 천국은 도대체 어떤 곳일까요?

 하나님의 임재로 충만한 곳

천국은 하나님의 임재로 충만합니다. 요한계시록 21장 3절을 보십시오.

"내가 들으니 보좌에서 큰 음성이 나서 이르되 보라 하나님의 장막이 사람들과 함께 있으매 하나님이 그들과 함께 계시리니 그들은 하나님의 백성이 되고 하나님은 친히 그들과 함께 계셔서."

물론 우리는 이 땅을 살아가면서도 하나님의 함께하심, 곧 주의 임재를 경험하지만 우리가 여기서 이 땅에서 경험하는 주의 임재는 부분적이고 일시적입니다. 그것은 거울로 보는 것같이 희미합니다. 그러나 우리가 이 땅의 여행을 마치고 천국에서 경험하는 하나님의 임재는 얼굴과 얼굴을 대하여 보듯 부분적인 임재가 아닌 온전하고도 완벽한 임재인 것입니다. 우리가 종종 성령 충만한 예배에서 하나님의 임재를 경험하고 감격한 순간을 기억하십니까? 문득 하나님이 내 곁에 계신 것을 깨닫고 엎드리어 흐느끼며 그의 임재하심에 감사해 본 적이 계신지요? 그렇게 부분적이고 일시적인 임재로도 우리가 그렇게 감동하고 감격할 수 있다면, 영원한 천국에서 우리가 경험할 영원하고도 완벽한 하나님의 임재는 어떤 것이겠습니까?

1900년대 초 한국인들의 첫 하와이 이민이 알렌(Horace Newton Allen) 공사(선교사)의 중재로 이루어지게 되었습니다. 따라서 첫 이민자들은 인천내리감리교회를 중심으로 한 그리스도인들이었습니다. 그렇게 대거 하와이 사탕수수 밭에서 일하기 위해 한국인들의 이민 여정이 시작됩니다. 그들 중 부부도 있으나 상당수는 독신 남성들이었는데 그들이 하와이에 정착한 후 제일 문제가 되는 것이 결혼이었습니다. 이때 사진을 보고 조국에서 신부를 데려오는 사진 결혼이 추진되었다고 합니다. 신부들의 입장에서도 사진만 보고 신랑을 선택하는 일이었습니다. 1910년부터 1924년 사이에 무려 천여 명에 가까운 사람들이 사진 결혼을 하게 됩니다. 당시 이런 결혼이 가능할 수 있었던 것은 가난에서 탈출하고자 하는 의지가 강했고 또 하나 아직도 당사자를 보지 못한 채 중매결혼하는 풍습이 남아 있었기 때문입니다. 여하튼 사진만 보고 꿈에 그리던 신랑을 찾아 하와이에 도달한 신부들의 애환이 어땠을까요? 물론 실망한 이들도 있었겠지만 또 적지 않은 여인들은 새 삶의 보금자리를 만들어 정착하고 믿음 생활을 하면서 조국의 독립운동에 헌신하기도 했습니다.

우리가 지금 여기에 살면서 예수님을 우리의 주님으로 신랑으로 고백하지만 그의 임재는 사진처럼 희미합니다. 그러나 얼굴과 얼굴을 대하며 그와 더불어 함께하는 천국의 삶, 기다려지십니까? 그때의 감동을 알리는 말씀을 다시 고린도전서 13장 12절에서 읽어 보십시오.

"우리가 지금은 거울로 보는 것같이 희미하나 그때에는 얼굴과 얼굴을 대하여 볼 것이요 지금은 내가 부분적으로 아나 그때에는 주께서 나를 아신 것같이 내가 온전히 알리라."

그때를 사모하십니까? 천국은 하나님의 영원하고도 완벽한 임재로 충만한 곳입니다.

 세상의 모든 고통이 치유되는 곳

우리가 천국에 도착하자마자 제일 먼저 경험하게 될 일이 무엇인지 아십니까? 요한계시록 21장 4절의 말씀입니다.

"모든 눈물을 그 눈에서 닦아 주시니 다시는 사망이 없고 애통하는 것이나 곡하는 것이나 아픈 것이 다시 있지 아니하리니 처음 것들이 다 지나갔음이러라."

그렇습니다. 우리가 이 땅에서 살아가며 아무리 좋은 것을 경험한다 해도 세상은 여전히 눈물과 애통과 애곡, 질병과 아픔 그리고 궁극적으로 사망을 피할 수 없는 곳입니다. 그러나 천국은 다시 아픔이 없고 다시는 애통이 없고 다시 사망이 없는 곳이라고 말합니다. 그 천국에 도착할 때 제일 먼저 주께서는 우리의 눈물을 씻겨 주십니다. 우리의 고통, 우리의 아픔, 우리의 한, 우리의 애통을 그가 아신다고, 그가 알고 계셨다고, 이제 그 고통은 끝났다고 걱정 말라고 말씀하시며 눈물을 씻겨 주시는 주님, 그가 바로 우리의 구주요 주님이십니다.

요한계시록 21장 1절에서는 천국을 '새 하늘 새 땅'이라고 표현합니다. 여기서 '새로운'이란 뜻의 헬라어 '카이네'는 질적으로 모든 것이 새로워진 상태를 뜻합니다. 모든 것이 치유된 세상을 말합니다. 1절을 다시 읽어 보십시오.

"내가 새 하늘과 새 땅을 보니 처음 하늘과 처음 땅이 없어졌고 바다도 다시 있지 않더라."

바다는 여기서 혼란과 무질서, 이별이나 단절의 상징입니다. 바다가 있지 않다는 말은 다시는 혼란과 분리가 없는 세상이 도래함을 선포하는 것입니다. 이어서 5절의 말씀을 보십시오.

"보좌에 앉으신 이가 이르시되 보라 내가 만물을 새롭게 하노라 하시고 또 이르시되 이 말은 신실하고 참되니 기록하라 하시고."

모든 만물이 새로워진 바로 그때가 완벽한 치유가 이루어지는 때입니다. 이 땅에서 모든 의학적 치료는 필요하지만 그것은 여전히 불완전하고 일시적입니다. 기도를 통한 모든 영적 치유도 필요하지만 불완전하고 일시적입니다. 천국에 도달하는 날 우리는 비로소 모든 고통이 치유된 새 세상을 만나게 될 것입니다. 요한계시록 22장 1-2절은 새 세상의 풍경을 이렇게 묘사합니다.

"또 그가 수정같이 맑은 생명수의 강을 내게 보이니 하나님과 및 어린양의 보좌로부터 나와서 길 가운데로 흐르더라. 강 좌우에 생명나무가 있어 열두 가지 열매를 맺되 달마다 그 열매를 맺고 그 나무 잎사귀들은 만국을 치료하기 위하여 있더라."

그렇습니다. 천국은 모든 고통이 치료받는 곳입니다. 이어서 3절은 "다시 저주가 없으며"라고 선포합니다. 바로 그때가 세상의 모든 고통이 떠나는 날입니다. 천국이 없다면 세상의 고통의 문제는 영원히 해결되지 못할 숙제가 될 것입니다. 그래서 천국은 있어야 합니다. 천국은 세상의 모든 고통이 치유되는 곳입니다.

하나님의 영광이 가득 찬 곳

이 새 예루살렘 천국에 대해 묘사한 또 다른 내용을 요한계시록 21장 10-11절에서 살펴보십시오.

"성령으로 나를 데리고 크고 높은 산으로 올라가 하나님께로부터 하늘에서 내려오는 거룩한 성 예루살렘을 보이니 하나님의 영광이 있어 그 성의 빛이 지극히 귀한 보석 같고 벽옥과 수정같이 맑더라.”

천국은 이 하나님의 영광으로 가득한 곳입니다. 아니 그 하나님의 영광의 빛으로 가득한 곳입니다. 요한계시록 21장 23절을 보십시오.

“그 성은 해나 달의 비침이 쓸데없으니 이는 하나님의 영광이 비치고 어린양이 그 등불이 되심이라.”

상상이 되십니까? 우리의 어떤 상상으로도 상상이 가능하지 않는 곳, 그 어떤 설명으로도 설명할 수 없는 곳, 그곳이 바로 하나님의 영광으로 가득한 천국입니다. 하나님 자신이 빛이시고 하나님의 아들, 속죄의 어린양으로 이 땅에 오신 예수님 자신이 빛으로 계신, 그리고 영광의 성령이 빛으로 임재하신 그곳, 그곳이 바로 천국입니다.

단지 한 가지 기억할 것은 천국이 영광의 나라로 존재하기 위해서는 세상에서 우리가 경험하던 모든 악과 불의가 없어야 할 것입니다. 그래서 성경은 요한계시록 21장 27절에서 “무엇이든지 속된 것이나 가증한 일 또는 거짓말하는 자는 결코 그리로 들어가지 못하되 오직 어린양의 생명책에 기록된 자들만 들어가리라”고 약속합니다. 반면 천국은 이 땅에서 우리가 목격한 모든 아름답고 선한 것이 보존되는 곳입니다. 이어서 26절을 보십시오.

“사람들이 만국의 영광과 존귀를 가지고 그리로 들어가겠고.”

그러니까 천국은 세상의 모든 추한 것이 차단된 곳, 반면 세상의 모든 아름답고 선하며 영광스러운 것이 그대로 보존되는 곳이라는 말입니다. 그래서 세상에 사는 동안 우리가 추구하던 선하고 아름다운 것은 천국에서도 보존되는 가치임을 잊지 말아야 합니다. 왜냐하면 세상에서 선하고 아름다우며 영광스러운 모든 것의 근원은 결국 하나님이시기 때문입니다. 그런 하나님의 영광이 영원히 거침없이 어떤 장애도 없이 완벽하게 빛나는 곳, 그곳이 바로 천국입니다. 그런 천국을 사모하십니까? 그런 천국을 꿈꾸어 보신 일이 있으십니까?

　　이 천국을 가장 아름답게 묘사한 노래가 〈거룩한 성〉(작사 프레드릭 웨더리, 작곡 스티븐 애덤스)이 아닌가 싶습니다. "나 어젯밤에 잘 때 한 꿈을 꾸었네 / 그 옛날 예루살렘성의 곁에 섰더니 / 허다한 아이들이 그 묘한 소리로 / 주 찬미하는 소리 참 청아하도다 / 천군과 천사들이 화답함과 같이 / 예루살렘 예루살렘 그 거룩한 성아 / 호산나 노래하자 호산나 부르자."

　　1911년 한 오페라 가수가 재정 관리 실수로 사기범으로 몰려 재판을 받게 됩니다. 법정 대기실에서 재판관의 판결을 받기 위해 대기하던 중 그 대기실에서 기다리는 여러 죄수, 알코올 중독자, 공중질서 유린자, 마약 사범으로 잡혀 온 이들의 초조한 얼굴들을 바라보다가 이 노래를 부르기 시작했다고 합니다. 이 노래가 2절에 접어들던 순간입니다.

"그 꿈이 다시 변하여 그 길은 고요코 / 호산나 찬미 소리 들리지 않는다 / 햇빛은 아주 어둡고 그 광경 참담해 / 이는 십자가에 달리신 그때의 일이라 / 이는 십자가에 달리신 그때의 일이라 / 예루살렘 예루살렘 그 거룩한 성아…"를 부르는 순간 그 대기실에 모인 모든 사람이 무릎을 꿇고 기도하기 시작했다고 합니다. 법정에 입장하던 판사도 이 노래를 듣고 노래를 멈추려는 가수에게 계속 부르라고 손짓을 합니다. "그 꿈이 다시 변하여 이 세상 다 가고 / 그 땅을 내가 보니 그 유리 바다와 / 그 후에 환한 영광이 다 창에 비치니 / 그 성에 들어가는 자 참영광이로다 / 밤이나 낮이 없으니 그 영광뿐이라 / 그 영광 예루살렘성 영원한 곳이라 / 이 영광 예루살렘성 영원한 곳일세…."

그날 그들은 모두 판사의 관대한 판결과 함께 간단한 설교를 들었다고 합니다. "우리 모두 주 예수를 구주로 영접하고 그 거룩한 성에 들어가기 부끄럽지 않게 삽시다!"라고. 천국, 하나님의 영광이 가득한 곳입니다. 오늘 십자가 앞에 믿음으로 나아오는 모든 사람에게 하나님은 이 천국을 선물로 허락하십니다.

이 천국의 소망이 우리 모두의 소망이 되고, 질병과 참사로 가족을 잃은 가슴 아픈 유족들에게도 소망이 되기를 기도합니다.